Elisabeth Hammer · Puppen für Kinder

In herzlicher Verbundenheit widme ich dieses Buch
Frau Elisabeth His Miescher

ELISABETH HAMMER

PUPPEN FÜR KINDER

STOFFPUPPEN & KLEIDER SELBSTGEMACHT

MIT VORLAGEN IN ORIGINALGRÖSSE

Christophorus-Verlag · Freiburg i. Br.

Inhaltsverzeichnis

„Am Selbsttun wächst das Kind heran“

Dieses Wort von Friedrich Fröbel war der Grundgedanke bei meiner anfänglichen Überlegung: Kann ich Kindern im Vorschulalter ein Spielzeug geben, mit dessen Hilfe es auf spielerische Weise den Umgang mit verschiedenen Arten der Kleidungsverschlüsse erlernt?
In diesem Altersabschnitt macht das Kind die ersten Schritte aus der Geborgenheit der Familie heraus. Der Tagesablauf des Kindergartens erfordert nun ein langsames Selbständigwerden; denn die helfenden Hände der Mutter sind nicht mehr zur Stelle. Jede Kindergärtnerin weiß von dem mühsamen Ankleiden einer Kinderschar, zwar hat der Klettverschluß das Problem vordergründig ein wenig hinausgeschoben, aber irgendwann müssen die Kleinen doch einmal mit Knöpfen und Schnürbändern zu Rande kommen.
So ist es naheliegend, daß meine Wahl auf Puppen fiel, sind sie doch von je her das Spielzeug, mit dem die kindliche Phantasie Erlebtes nachspielen kann. Das Erlebte läßt sich damit kindgerecht aneignen.
In dieser Zeit zwischen drei bis vier Jahren und Schulbeginn liegt wohl die phantasievollste, intensivste Spielphase. Das Kind lebt noch in seiner eigenen Märchenwelt und sieht in das Spiel hinein, was seine Vorstellung beschäftigt. So soll das Aussehen der Puppen, die wir dem Kind in dieser Zeit geben, auch diesem Spiel entsprechen. Eine Trikotpuppe, mit selbstgestaltetem Kopf, in Material weich und warm, kann diese Anforderungen erfüllen. Diese Puppenkinder werden liebend gerne in den Arm genommen, um den Kinderalltag zu begleiten.
Da aber nicht alle Mädchen gleichermaßen gerne mit Puppen spielen und noch nicht alle Jungen sie mit Selbstverständnis zum Spiel bekommen, habe ich für dieses Programm die kindliche, mittlere Puppenform in ihren Gliederlängen einmal verkürzt und einmal verlängert. So entstand der schlaksige Kasper, der pummelige Zwerg und der Sandmann. Vielleicht werden Sie von dem einen oder anderen Kind bevorzugt.
Ein wichtiges Spielrequisit sind die Kleider. Sie tragen wesentlich zum Aussehen – und zur Spielvielfältigkeit der Puppe bei. Bei geschickter Auswahl wird, ganz nebenbei, auf spielerische Weise die Fingerfertigkeit im Umgang mit den Kleiderverschlüssen geübt.
Um allen Kleidern einen Aufbewahrungsort zu geben und um die Puppe auch auf Reisen mitnehmen zu können, entstand der einfache Rucksack mit „Freiluftsitz“. So transportiert, kann die Puppe Reise- und Wartezeiten verkürzen helfen. Mit dem Rucksack sind die Kinderhände frei und der Puppenliebling bleibt nicht aus Versehen vergessen zurück, womit unnötiger Kummer vermieden wäre.
Ich hoffe Ihnen, liebe Leserinnen und Leser, mit Text, Bild und Zeichnung eine Anleitung an die Hand zu geben, mit der Sie nun für ein bestimmtes Kind oder Kindergruppe eine Puppe nacharbeiten können. Ihrer Phantasie ist es freigestellt, die Gestaltung zu ändern und Kleiderverschlüsse der jeweiligen Kindergeschicklichkeit anzupassen.
Wenn Sie dann im Laufe der Zeit immer wieder einmal vom „Puppenleben“ Ihrer Puppe berichtet bekommen, können Sie gewiß sein, im Überangebot der heutigen Spielzeugwelt ein wichtiges, einmaliges „Spiel-Werk“ geschaffen zu haben.

Material und Hilfsmittel für die Puppenherstellung

Puppentrikot
Strumpfhosenschlauch
Acrylstopfwatte
Schaumdraht
Modellierholz
Stecknadeln
Steckaugen
Stoffarben
Mohairtressen
Mohairteller
geschnürte Wollstränge
lang- und kraushaarige Fellreste
Nähgarn und Nähnadel
Weißleim (z.B. UHU Bastelkleber)
Baumwollgarn
Pinsel (Nr.2)
Cutter (Schneidemesser)
Schere
Zangen
Bleistift

Trikot
Glatter Spezialpuppentrikot wird in verschiedenen Hauttönen angeboten. Er besteht aus 100% gekämmter Baumwolle und ist laufmaschensicher, das erübrigt ein Versäubern der Naht. Als Meterware kommt er in 80 cm breiter Schlauchform in den Handel. Zugeschnittene Stücke sind als Bastelpackungen erhältlich.
Die benötigte Stofflänge richtet sich nach der jeweiligen Beinlänge der Puppe: 30 cm für den Kasper, 25 cm für Junge, Mädchen und Baby, ebenso für den Zwerg und Sandmann. Farblich zum Trikot passend wählen Sie den Polyesternähfaden. Neben dem glattmaschigen Trikot wird auch sogenannter Perltrikot für die Puppenherstellung angeboten. Von ihm möchte ich wegen seiner groben Flächenstruktur eher abraten, da sich die Farbe mit dem Pinsel schwer auftragen läßt.

Acrylstopfwatte
Sie ist ein weiches, elastisches Stopfmaterial, zur Formung des Gesichtes genauso geeignet wie zum Füllen des Körpers. Die Watte hält auch nach einer eventuell nötigen „Puppenwäsche" die Form.

Strumpfhosenschlauch
Für die Gesichtsformung durch Abbinden der Watte wird ein etwa 20 cm langes Stück Strumpfschlauch benötigt. Als Bindegarn eignet sich naturfarbenes Baumwollhäkelgarn.

Schaumdraht
Als biegsame Einlage für Puppenglieder wird ein 27 cm langer, umschäumter Draht angeboten. Er ist besonders gut als Verbindung zwischen Kopf und Rumpf geeignet. So verarbeitet, werden wackelnde Puppenköpfe vermieden. Mit dieser Drahteinlage kann ein Kopf in leichte Schräg- oder Neigestellung gebogen werden.

Haare
Leicht zu verarbeiten sind lang- oder kraushaarige Fellreste. Mohair, als Tressen-Meterware oder schon zu Tellern genäht, eignet sich in seiner Feinheit gut für Babypuppen. Geschnürte Wollstränge in verschiedenen Farben lassen sich durch Mittelscheitelnaht zu strapazierfähigen Zopffrisuren verarbeiten. Fertigperükken sehen an diesen Puppen fremd aus.

Weißleim
Er wird zum Formen und Aufsetzen der Nase sowie zum Aufleimen der Fellhaarstreifen benötigt. (Eventuelle Flecken sofort auswaschen, im getrockneten Zustand ist der Leim nicht mehr löslich).

Stoffarben
Besitzen Sie bereits Stoffarben, so können Sie diese zur Bemalung des Gesichtes verwenden. Es werden aber auch kleine Farbflaschen einzeln oder im Bastelset angeboten. Braun, Weiß und Rot werden benötigt. Für den Auftrag verwenden Sie einen feinen Pinsel in der Stärke Nr. 2.

Steckaugen
In die Gesichter der Phantasiepuppen Zwerg, Sandmann und Kasper wurden Steckaugen eingearbeitet. Für diese Puppengröße benötigen Sie einen Augendurchmesser von 10 mm in den Farben Blau oder Braun. Ein Auge besteht aus der runden Irisform mit rückseitigem Stift. Auf ihn wird zur Augenfixierung eine kleine, runde Metallscheibe aufgepreßt. Das so montierte Auge sitzt fest im Puppengesicht und kann von Kindern nicht mehr herausgerissen werden.

Hilfsmittel
Neben dem üblichen Nähzeug erleichtert ein Modellierholz oder hölzerner Kochlöffelstiel das Ausstopfen der Stoffteile. Zum Verkürzen und Umbiegen der Drahtenden benötigen Sie eine Beißzange oder einen Seitenschneider, evtl. eine Flach- oder Rundzange.

Schnittmuster für die Puppen

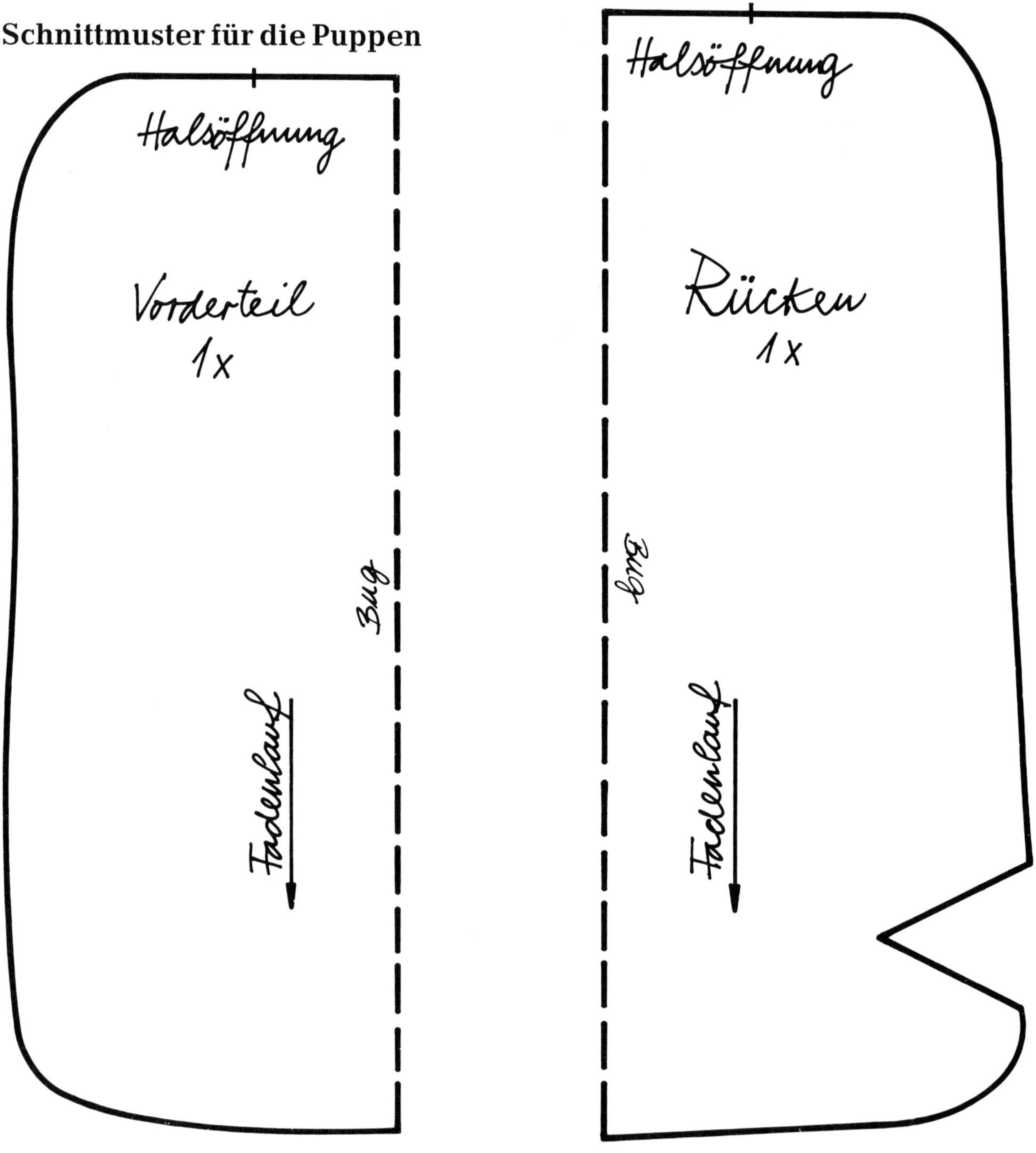

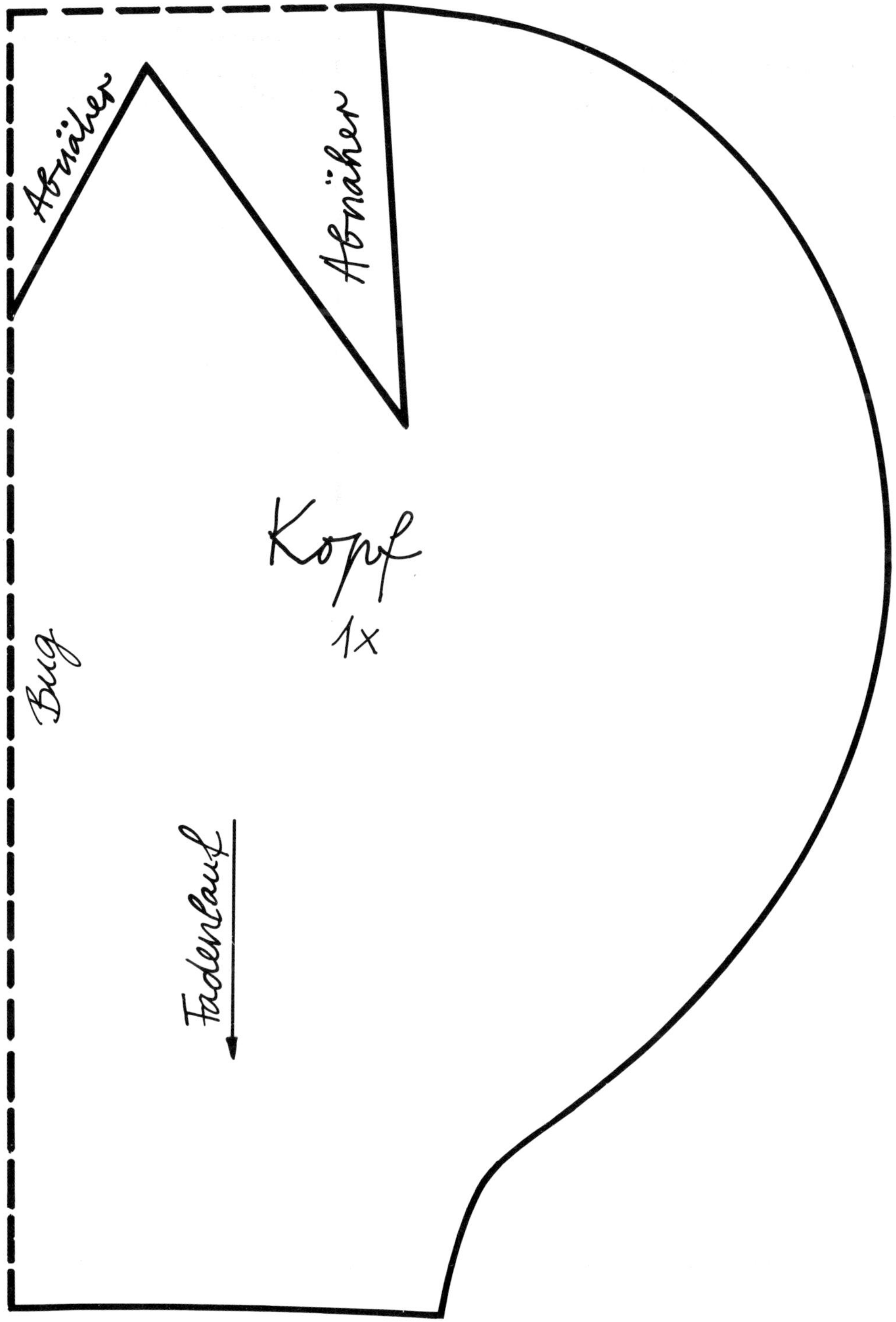
Abnäher
Abnäher
Kopf
1x
Bug
Fadenlauf

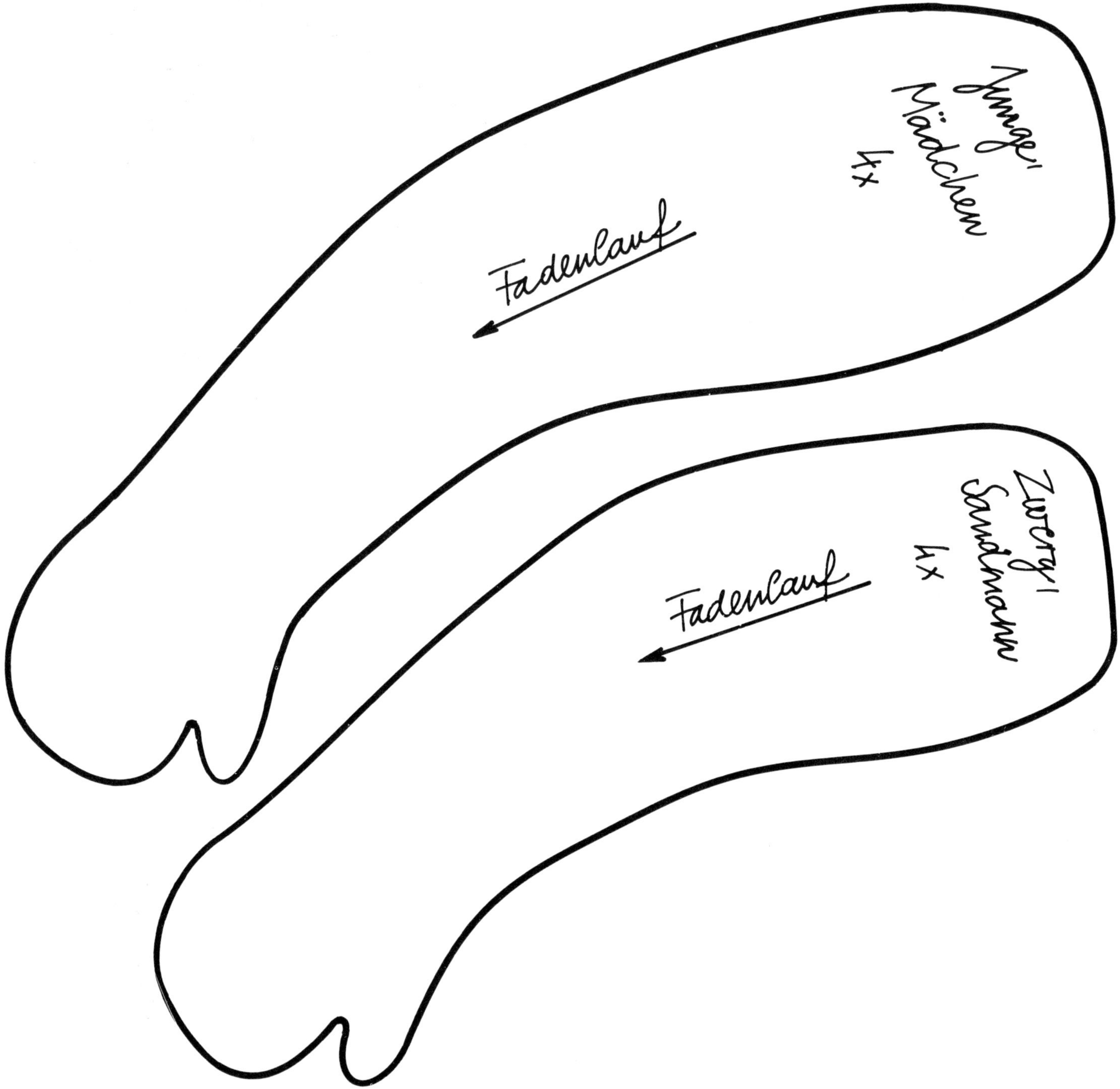
Junge/Mädchen
4x
Fadenlauf
Zwerg/Sandmann
4x
Fadenlauf

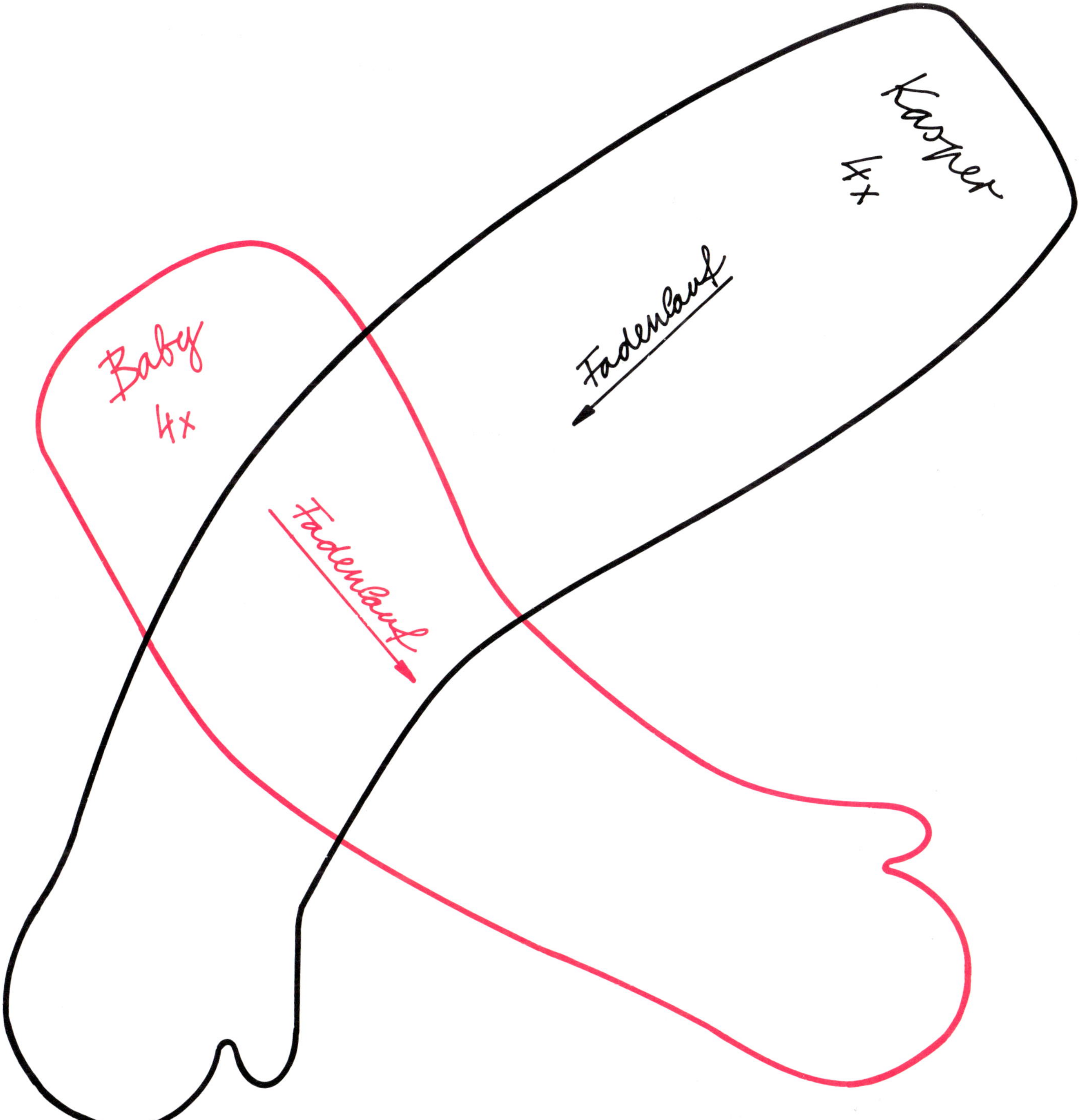
Kasper
4x
Fadenlauf
Baby
4x
Fadenlauf

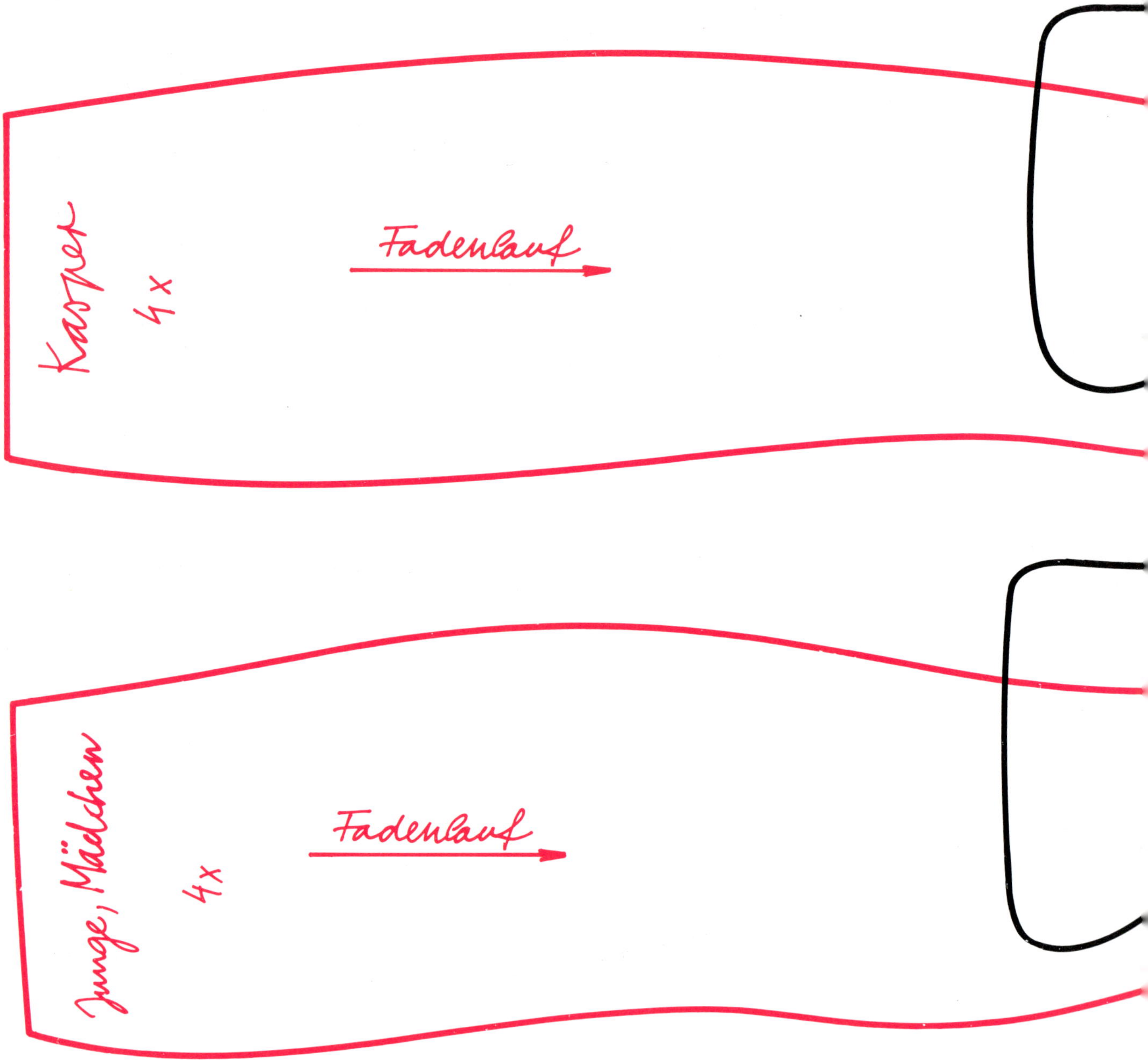
Kasper
4x
Fadenlauf
Junge, Mädchen
4x
Fadenlauf

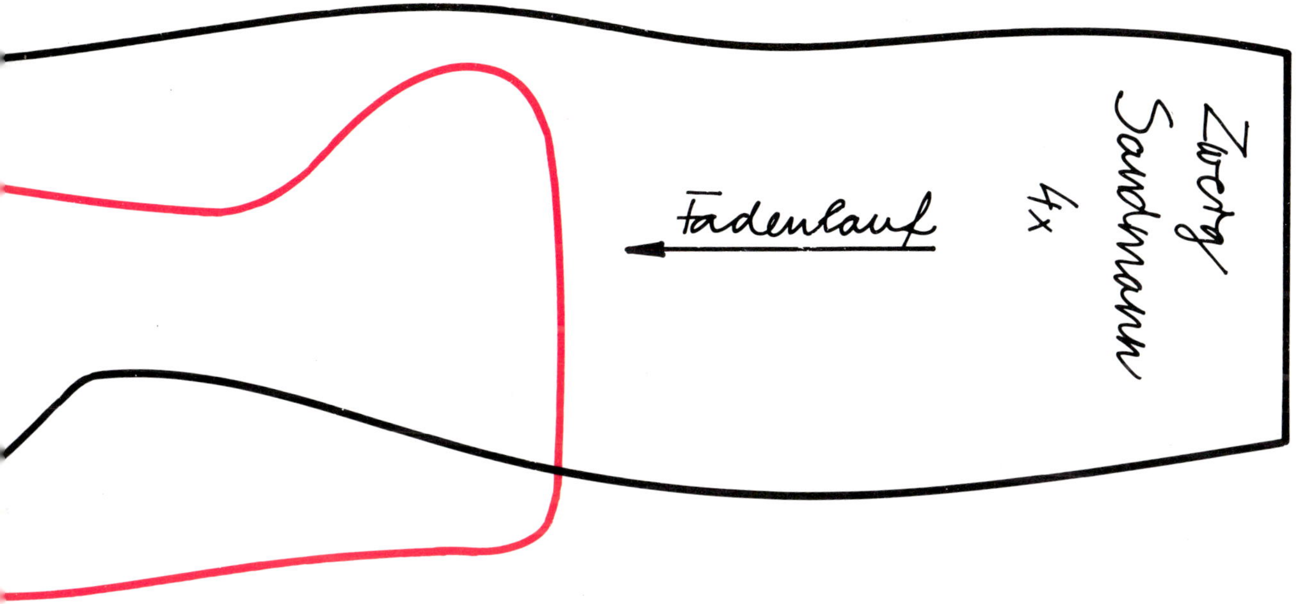
Zwerg
Sandmann
4x
Fadenlauf

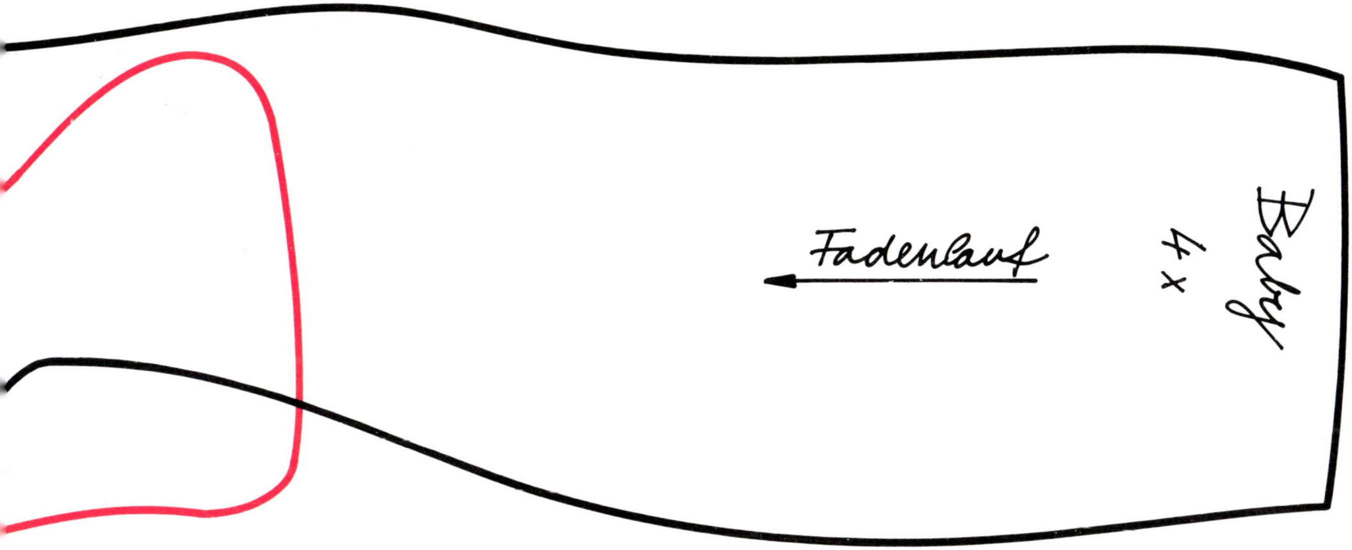
Baby
4x
Fadenlauf

Die Herstellung einer Puppe

Zuschneiden des Trikots
Die Puppenkörper gehen alle von demselben Grundschnitt aus. Kopf und Körper sind jeweils in gleicher Größe gearbeitet; lediglich die Glieder sind unterschiedlich lang.
Gehen wir von der normalen Puppengröße von Junge und Mädchen aus: Die Kopfhöhe von 12 cm wiederholt sich in der zusammengemessenen Körper-Beinlänge dreimal (36 cm). Die fertige Puppe mißt ohne Haare also 48 cm. Für das Baby wurden die Gliederlängen etwas verkürzt, eine nochmalige Verkürzung ist für den Zwerg und Sandmann angebracht. Die Verlängerung des Jungen-Mädchenschnittes ergibt die Kaspergröße. Die Schnittzeichnung in Originalgröße finden Sie auf den Seiten 8 bis 13. Pausen Sie die gewünschten Teile auf durchsichtiges Papier und schneiden Sie sie aus. Ein kompletter Schnitt besteht aus Arm- und Beinform, 1/2 Kopfform, Körpervorderteil und Rückteil.

Auflegen der Schnitteile
Die Schnitte werden auf der linken, etwas rauheren Trikotseite aufgelegt und mit Stecknadeln fixiert. Die Schnitte sind ohne Nahtzugabe angezeigt. Es müssen beim Auflegen etwa 0,5 cm rundum zugegeben werden.
Schneiden Sie den Trikotschlauch genau auf einer geraden Maschenlinie auf. Der Stoffstreifen hat nun eine Breite von 160 cm. Legen Sie etwa 42 cm Trikot doppelt rechts auf rechts. An

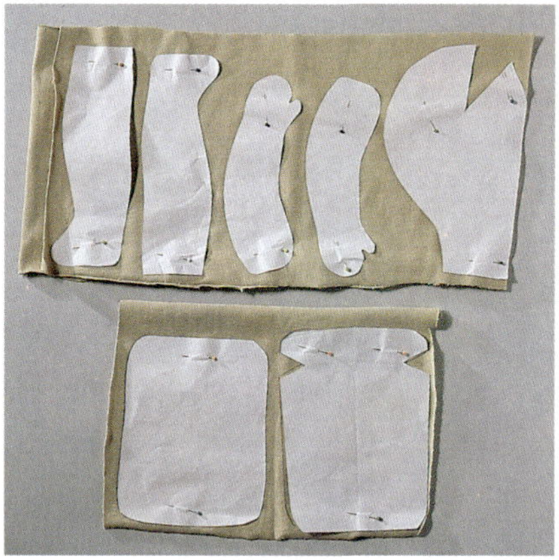

der Bruchkante wird der halbe Kopfschnitt angesteckt, gefolgt von je zwei Arm- und Beinformen. Diese Teile liegen auf doppeltem Trikot. Die Schnitteile der Körpervorderseite und Rückseite liegen

auf der linken Seite der einfachen Stoffbahn.
Umfahren Sie alle Schnitteile mit einem weichen Bleistift (kein Kugelschreiber oder Filzstift!).
Die Papierschnitte werden entfernt und Kopf- und Körperformen aus dem Stoff geschnitten.
Das doppellagige Trikotstück mit der Arm- und Beinzeichnung bleibt bis nach dem Nähvorgang an einem Stück. Die Nähte lassen sich so leichter steppen.

Maschinennähte
Lassen Sie den Trikot leicht gedehnt bei Stichlänge 2 in die Maschine laufen. Dehnen Sie nach dem Nähen alle Teile. Geplatzte Nähte können gleich noch einmal übergesteppt werden.
Schließen Sie zuerst die drei Ab-

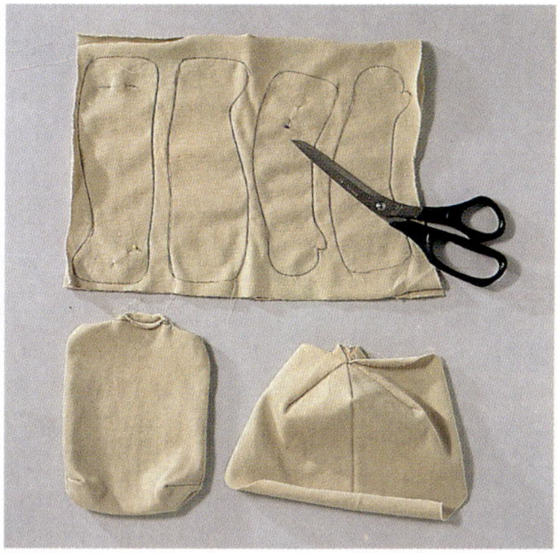

näher des Kopfes, ebenso die beiden der Körperrückseite. Der Stoff der Abnäher wird ausgeschnitten. Fixieren Sie, rechts auf rechts liegend, Körpervorder- und Rückseite mit Stecknadeln aufeinander, und steppen Sie die Naht, wobei die Halsöffnung frei bleibt. Steppen Sie die angezeichneten Arm- und Beinnähte auf dem zusammenhängenden Trikotstück, wobei die oberen Öffnungen ungenäht bleiben.
Im spitzen Winkel zwischen Daumen und Handfläche wird ein Querstich miteingenäht. Sind alle Nähte geschlossen, werden die vier Gliedmaßen ausgeschnitten und die Nahtzugabe zwischen Daumen und Handfläche vorsichtig eingeschnitten, ebenso die Biegung am Übergang vom Fuß zum Bein. Wenden Sie die Stoffteile mit dem Modellierholz oder ähnlichem. Bitte verwenden Sie keine spitze Schere dafür! Zu leicht könnte das Trikot durchstoßen werden.

Handnähte

Der Kopf
Bevor das Ausstopfen beginnt, fertigen wir den Kopf. Legen Sie sich Acrylwatte, einen Schaumdraht, reißfestes Baumwollgarn und ein etwa 20 cm langes Beinstück eines kaputten Strumpfes zurecht.
Umwickeln Sie ein Strumpfende einige Male fest mit Garn und verknoten dieses. Der Strumpfabschnitt wird gewendet, das abgebundene Ende befindet sich nun innen.
4 bis 5 cm des Schaumdrahtes werden zu einem Haken abgebogen. Er kommt in der Mitte des Kopfes zu liegen.
Nehmen Sie soviel Acrylwatte in Ihre Hände, als wollten Sie einen großen Schneeball formen. Drükken Sie das Material um den Drahthaken in runder Form zurecht. Dieses stecken Sie in den Strumpfschlauch hinein und halten die untere Öffnung, aus der der Draht herausragt, mit der Hand zu. Es soll eine glatte, elasti-

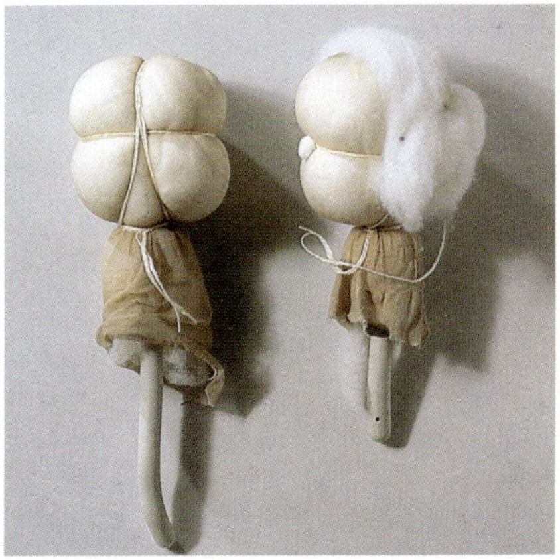

sche Kugel entstehen. Bevor die Öffnung abgebunden wird, legen Sie noch einen Wattestreifen hinein, um die Halsweite zu vergrößern. Umwickeln Sie die Öffnung mit einigen Fadenrunden und verknoten diese.

Abbinden
Durch Abbinden entsteht aus der Kugel die Gesichtsform: Die Kugelmitte wird mit drei bis vier Runden Garn abgebunden, Anfang und Ende verknoten. So entsteht die Augenvertiefung.
Die weiteren Abbindungen verlaufen vom Hals aus über die Schläfen zum Scheitelpunkt und wieder hinunter zum Hals, in zwei Runden vor dem Draht hindurch (Kinnpartie). Zwei weitere Runden folgen vom Scheitelpunkt aus hinter dem Draht vorbei (Hinterkopfform).

Die Nase
Auf eine kleine Watteflocke wird etwas Leim getupft und diese zu einer winzigen Nasenkugel zusammengedrückt. Diese setzen Sie in in die Gesichtsmitte, genau unter die Augenabbindung. Nähen Sie sie mit einigen Hexenstichen fest.

Ausgleichen der Vertiefungen
Die Abbindungen werden, außer im Augenbereich, durch Watteauflage wieder ausgeglichen. Ein Wattestreifen wird von der linken Schläfe über den Hinterkopf zur rechten Schläfenseite gelegt und mit Stecknadeln fixiert. Ein großzügiger Hexenstich hält diese Lage an der Kopfform fest. Der zweite Wattestreifen läuft von einer Schläfenseite über den Scheitel zur gegenüberliegenden Seite und wird in gleicher Weise angenäht. So erhält die Kopfform seine Rundung.

Trikotüberzug des Kopfes
Legen Sie den vorgeformten Kopf, mit der Nase in der Mitte, vor sich auf den Tisch und spannen probehalber das Trikot straff über das Gesicht. Prüfen Sie, ob Ihnen die Nasenandeutung gefällt. Ist sie zu groß geraten, kann noch etwas Watte herausgeschnitten werden. Läuft sie zu

breit auseinander, umstechen Sie sie mit doppeltem Nähfaden in kleinen Heftstichen und ziehen diese zusammen.
Möchten Sie das Gesicht mit Steckaugen arbeiten (s. Zwerg, Sandmann, Kasper), sind diese jetzt einzusetzen. Spannen Sie das Trikot nochmals über die Gesichtsfläche und fixieren es mit Stecknadeln am Kopf. Zwei Bleistiftpunkte geben die Augenmitte an. Augen und Mund bilden zusammen ungefähr ein gleichseitiges Dreieck (s. Zeichnung unten). Tupfen Sie einen Tropfen Leim auf diese Markierung, und durchbohren Sie den Punkt vorsichtig mit einer Scherenspitze. Zeichnen Sie dieses Loch mit Kugel-

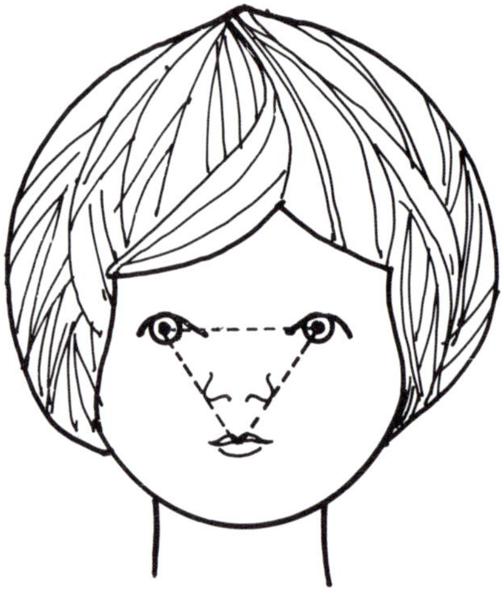

schreiber auf die darunterliegende Kopfform durch. Lösen Sie das Trikot vom Kopf und schieben den rückwärtigen Augenstift durch das Loch. Auf diesen Stift pressen Sie die Metallscheibe so fest an, daß sie an der Augenform anschließt. Nun bohren Sie mit der Scherenspitze die beiden angezeichneten Lochstellen in den Wattekopf, geben einen Tropfen Leim in die Vertiefungen und stecken die beiden Augenstifte in diese Löcher.

Das Trikot wird über das Gesicht bis zum Hinterkopf gespannt und eine Trikothälfte über die andere gelegt. Schlagen Sie die obere Schnittkante ein, und fixieren Sie die Kopfnaht mit Stecknadeln. Die Halspartie soll möglichst faltenfrei nach rückwärts weggezogen und gesteckt werden. Diese Kopfnaht schließen Sie mit dem Matratzenstich. Beginnen Sie das Nähen am Halsende.

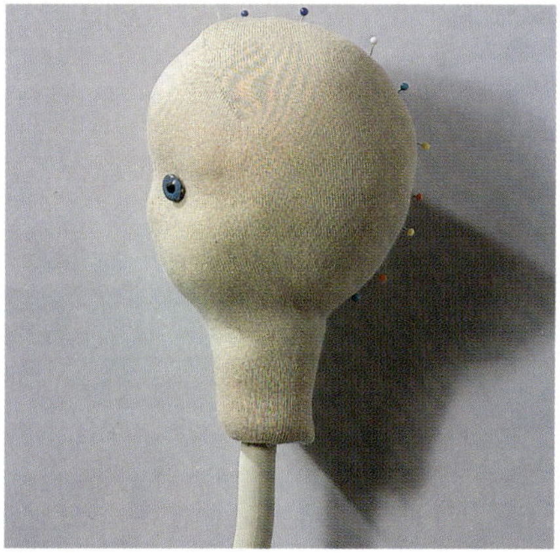

Stopfen des Körpers
Möchten Sie die Glieder biegbar machen, muß der Draht während des Stopfvorganges eingearbeitet werden. Füllen Sie die Hand- und Fußform mit Watte. Nun wird der Draht mit hineingeführt und die Watteflocken spiralförmig um ihn herum eingestopft. Die Glieder sind satt, nicht hart gestopft, so lassen sie sich biegen.

Zusammensetzen der einzelnen Körperteile
Für das Zusammenfügen der einzelnen Körperteile gibt es drei Möglichkeiten:
1. Aneinandernähen der Einzelteile ohne Drahteinlage (schlenkernde Glieder).
2. Die Drahteinlage endet mit der Arm- und Beinlänge. Diese werden ebenfalls schlenkernd angenäht.
3. Arm- und Beindrähte werden in den noch ungestopften Puppenkörper eingeführt und an dem senkrechten Kopfdraht zu einem „Skelett" befestigt. Dieses ist die schwierigere Lösung, der Puppenkörper dann aber ganz biegbar.

Alle Nähte, die zwei gestopfte Körperteile miteinander verbinden, führen Sie mit doppeltem Faden mit Matratzenstich in zwei Runden aus (siehe Zeichnung Seite 16).

1. Möglichkeit:
Biegen Sie das Ende des Kopfdrahtes etwa 5 cm zurück. Eine dicke Wattelage stopfen Sie nun in den Körper, führen den Draht in die Körpermitte ein und polstern Sie ihn bis zur Schulterhöhe mit Watte. Pressen Sie den Kopf etwas gegen den Körper und fixieren den Hals am Körper mit Stecknadeln. Verbinden Sie beide Teile mit einer Naht.
Die oberen Stoffenden der Arme und Beine schlagen Sie nach innen ein und verschließen die Öffnungen. Den Armabschluß fixieren Sie mit Stecknadeln quer zur Körpernaht und nähen ihn auf der Ober- und Unterseite fest.
Ebenso wird die Ober- und Unterseite des Beinabschlusses auf der Körpernaht befestigt.

2. Möglichkeit:
Kopf und Körper werden, wie unter 1. beschrieben, gefertigt. Der aus Armen und Beinen herausragende Draht wird mit der Stoff-

länge bündig abgezwickt und am Ende 1 cm Schaum abgeschnitten. Das freiliegende Drahtende biegen Sie mit einer Rundzange in den Schaum zurück. Die Stoffenden der Arm- und Beinöffnungen werden eingeschlagen und diese zugenäht. Im weiteren verfahren Sie wie unter 1. beschrieben. Arme und Beine sind biegbar, aber am Körper schlenkernd beweglich.

3. Möglichkeit:
Die Puppe erhält ein biegbares Innengerüst (s. Zeichnung unten). Eventuell muß die Halsöffnung etwas erweitert werden.

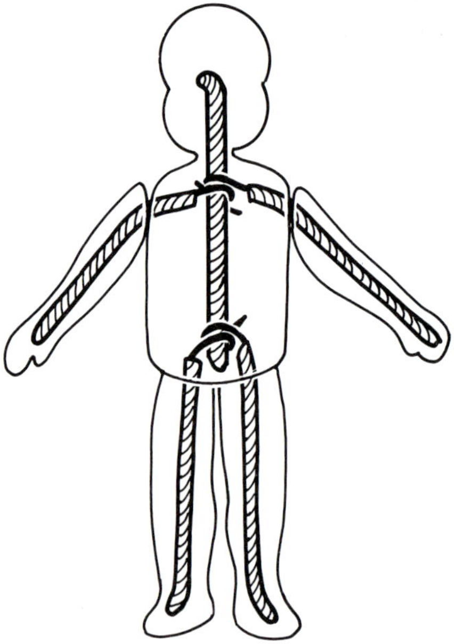

Stopfen Sie zuerst die beiden Beine, der Draht schaut oben heraus. Die Stoffenden werden eingeschlagen, die Öffnung geschlossen.
Legen Sie ein Bein gegen den ungestopften Körper und markieren den Drahtschnittpunkt auf der Körpernaht. Ebenso verfahren Sie mit den Armen (s. Abb. unten).
An der Markierung durchschneiden Sie einen Nahtstich mit einer feinen Schere und erweitern das Nahtloch etwas, so daß der Schaumdraht ganz knapp eingeschoben werden kann. Entfernen Sie am Ende beider Beindrähte ungefähr 3 cm Schaum und führen beide Drähte in den Körper ein. Der Kopfdraht wird von der Halsöffnung her in den Körper so tief eingelegt, daß ein Stück Hals über der Körperöffnung stehen bleibt.

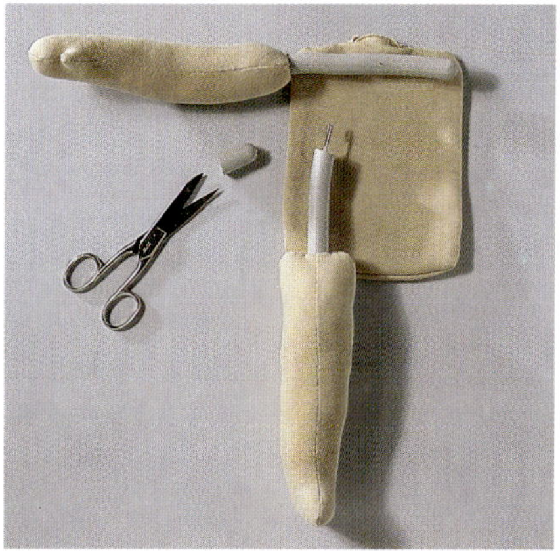

Nun muß man etwas „blind" arbeiten: Legen Sie einen Beindraht über den senkrechten Kopfdraht, führen vom Hals her die Zange in die Öffnung und biegen den Beindraht fest um den Senkrechtdraht. Der Vorgang wird mit dem zweiten Bein wiederholt. Legen Sie die verbundenen Teile vor sich auf den Tisch und biegen Sie bei glatter Körperform die Beindrähte in gleicher Haltung zurecht. Der Körper kann nun bis über die Hälfte mit Watte gefüllt werden. Schieben Sie anschließend die Armdrähte ein, und biegen Sie sie mit Hilfe der Zange um den Senkrechtdraht. Stopfen Sie den restlichen Körper bis obenhin aus, fixieren ihn mit Stecknadeln an dem etwas dagegengedrückten Hals und nähen die beiden Teile aneinander. Die an den Körper anstoßenden Arm- und Beinabschlüsse werden ebenfalls angenäht.

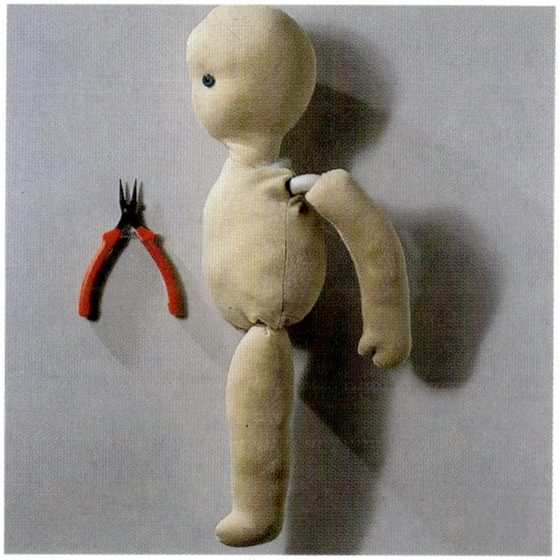

Gestaltungsmöglichkeiten des Gesichtes

Haben Sie sich für die Steckaugen entschieden, so wurden diese schon zu einem früheren Zeitpunkt eingearbeitet. Am Zwerg, Sandmann und Kasper sehen Sie diese Möglichkeit. Die Steckaugen des Zwerges wurden durch Farbauftrag ergänzt: zwei winzige weiße Dreiecke rechts und links unterhalb der Iris und ein feiner brauner Lidstrich vervollständigen die Augenform.

Die Iris der Kindergesichter ist einfarbig Blau oder Braun gemalt und das Weiß des Augapfels angefügt. Vermeiden Sie ein zu spitzes Auslaufen der weißen Augenform. Ein leichter, feiner, brauner Bogen wird darübergezogen (s. Zeichnung).

Der Mund soll nicht größer als die Nasenbreite gemalt werden. Ziehen Sie mit aufgehelltem Rot zuerst die Lippenmittellinie. Die Mundwinkel sind leicht nach oben gezeichnet. Eine weich geschwungene M-Form ergibt die schmalere Oberlippe. Halbmondförmig etwas breiter ist die Unterlippe ausgezogen (s. Zeichnung).

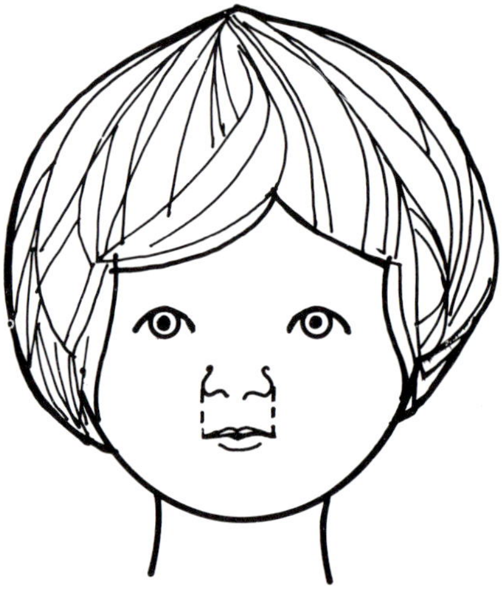

Haare und Bärte

Aus Fell und Wollmaterial sind die Haare gestaltet.

Zwerg, Sandmann, Kasper und Junge: Das Leder der lang- oder kraushaarigen Fellstücke wird auf der linken Seite mit dem Cutter (Schneidemesser) in etwa 1 cm breite Streifen geschnitten. Die Schneidestelle wird mit der linken Hand etwas angehoben, der Handballen der rechten Hand hält das Leder auf der Tischplatte. Die rechte Hand durchtrennt mit der Klinge vorsichtig das Leder, ohne die Haare zu zerschneiden. Diese Streifen werden spiralförmig von außen nach innen auf den Puppenkopf geleimt. Beginnen Sie im Genick mit dem ersten Streifen. Je nach Dichte der Haare wird zwischen den einzelnen Runden 1 bis 1,5 cm Abstand gelassen. So wirken die Haare lokker, nicht wie Wintermützen. Für die Bartform leimen Sie ein bis zwei Streifen vom Haaransatz herunter über das Kinn zur anderen Haarseite wieder hinauf.

Zopffrisur mit Mittelscheitel
Hierfür gibt es verschiedenfarbig geschnürte Wollstränge als Meterware. Durch das Herauslösen der Schnur wickelt sich der Strang zur gelockten Wollfaser auf. Ziehen Sie an der Scheitelnahtstelle die Wolle etwas flach auseinander und nähen Strang an Strang mit einem gleichfarbigen Wollstopfgarn die Scheitellinie. Die Wollängen werden rechts und links über die Kopfseite gelegt und zu Zöpfen verflochten.

Babyhaar aus Mohairtressen und Mohairteller
Die spiralförmig von außen nach innen verlaufende Mohairtresse wird auf dem Puppenkopf aufgeleimt. Die Kopfmitte ist mit einem sogenannten Mohairteller abgedeckt. Das Material ist auf ein Stoffrondell aufgesteppt und kann als Mittelstück aufgenäht oder geleimt werden.

Die Herstellung der Puppe ist nun beendet. Vielleicht haben Sie ihr schon provisorisch einige Stoffstücke umgelegt, um die Wirkung des Bekleidetseins auszuprobieren? Beginnen wir als nächsten Schritt mit der Bekleidung. Sie unterstreicht auf ihre Weise das Typische jeder Einzelpuppe.

Puppenkleider

Die im vorliegenden Buch gezeigten Puppenkleider sind sehr verschieden, soll dadurch doch Freude am Kleiderwechseln entstehen. Unterschiedlich sind auch die Verschlüsse, an denen das spielende Kind seine Geschicklichkeit üben kann. Damit der Spaß am Spiel nicht getrübt wird, müssen die Kleider weit genug geschnitten sein, um sie leicht wechseln zu können. Die Puppenköpfe sind verhältnismäßig groß; deshalb wird ein Kleidungsstück so hergestellt, daß die Puppe von oben „hineinsteigt". Die Halsöffnung muß dem Umfang der Puppenhüfte entsprechen.
Die Kleidung sollte mit Sorgfalt gefertigt werden. Versäuberte Nähte, fest angenähte Knöpfe oder Ösen erhöhen den Spielwert. An kaputten Dingen verlieren Kinder schnell ihre Freude, und es wäre schade um den ganzen Arbeitsaufwand.

Zur Stoffwahl
Die Stoffe sollten waschbar sein. Gut geeignet sind alle Baumwollstoffe mit glatter Struktur, ebenso feiner Frottée oder Plüsch.
Es gibt eine reiche Auswahl an kleingemusterten Stoffen. Wenn Sie verschiedene Muster in demselben Farbton kombinieren und mit Uni-Stoff ergänzen, erhalten Sie eine sehr harmonische Kleiderwirkung. Rüschen, Bänder, Spitzen vervollständigen das Grundmaterial.
Wieviel Stoff im Einzelnen benötigt wird, kann ich nicht gut angeben, da die Stoffbahnen verschieden breit liegen. Am einfachsten ist es, Sie pausen sich den gewünschten Schnitt vom Vorlagenbogen, schneiden ihn aus und nehmen ihn zum Auflegen in das Stoffgeschäft mit.
Wenn Sie für ein bestimmtes Kind eine Puppe fertigen, so versuchen Sie doch Kleider- und Farbwünsche in Erfahrung zu bringen. Sind Sie eine geübte Näherin, so entsteht für das Kind vielleicht noch ein Kleidungsstück im „Partnerlook".

Verschlüsse
Knöpfe
Schnürsenkel
Hammer für die Montage der Nieten und Druckknöpfe
montierbare Druckknöpfe
Kunststoff- und Metalldruckknöpfe zum Nähen
Montage-Hilfsmittel
Klettverschluß
Reißverschluß
Haken und Öse
Gürtelschnallen
Hosenträger

Die an den Kleidern verwendeten Verschlüsse sind für Sie natürlich nicht bindend. Je nach Geschick der Kinder können Sie die Möglichkeiten wechseln.
Nieten und Druckknöpfe kommen mit Montage-Hilfsmitteln einschließlich genauer Arbeitsanleitung auf den Markt. Sie benötigen als Werkzeug lediglich einen Hammer. Die einzelnen Firmen haben unterschiedliche Patente, so daß auf eine genaue Anleitung in diesem Rahmen verzichtet werden kann.

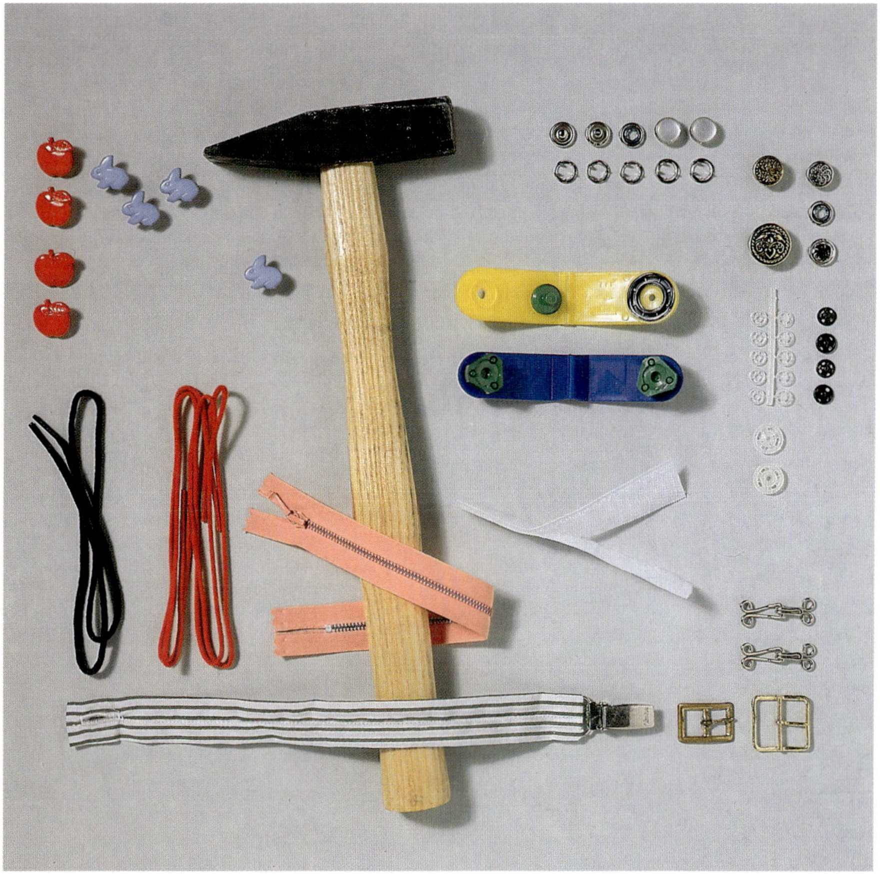

Grundsätzliches zum Arbeitsablauf

Pausen Sie den gewünschten Schnitt ab, schneiden Sie ihn aus und bezeichnen die Teile für spätere Wiederverwendung.

Alle Schnitteile sind *ohne* Nahtzugabe gezeichnet. Geben Sie 5 bis 10 mm rundum zu. Je dicker der Stoff, um so mehr Material sollte zugegeben werden. Maße für Schrägstreifen oder Bündchen finden Sie bei einigen Kleidern im Text angegeben. Ihnen muß die Zugabe rundum *zugerechnet* werden.

Legen Sie den Schnitt mit der Längsrichtung parallel zur Webkante auf den Stoff. Berücksichtigen Sie die Nahtzugabe in den Abständen und fixieren die Schnitteile mit Stecknadeln. Die Einzelteile werden ausgeschnitten.

Kleine Formen, wie z. B. Kragen oder Taschen, schneiden Sie *doppelt* zu und steppen sie rechts auf rechts aufeinander. Anschließend wenden. Nähen Sie die kleinen Teile auf das Kleidungsstück.

Die Kleidung läßt sich gut mit der Nähmaschine nähen, wenn zuerst alle Quernähte, dann die Längsnähte geschlossen werden. Gerade Nähte können mit Stecknadeln aufeinander fixiert werden. Gereihte Stoffe heften Sie besser aufeinander und lassen sie so in die Maschine laufen, daß der gekrauste Stoffteil unten liegt. Jede geschlossene Naht wird *gleich* mit einem Zickzackstich versäubert.

An Teilen, die gewendet werden müssen, lassen Sie die dazu nötige Öffnung an einer geraden Nahtlinie ungenäht und verschließen diese Öffnung nach dem Wenden mit einer Handnaht.

Rechtwinklige Ecken werden vor dem Wenden schräg abgeschnitten. Das verdeutlicht die Zeichnung (unten Mitte) des Halsausschnittes.

Die Halsschnittversäuberung (s. Zeichnung unten)

Am Ober- und Untertritt einer Hemd- oder Blusenöffnung wird der Stoffeinschlag zuerst auf die Vorderseite, also rechts auf rechts gelegt und die kleine Naht A geschlossen. In Nahttiefe wird bei Punkt B ein kleiner Schnitt angebracht und der Stoff an der rechtwinkligen Ecke C schräg ausgeschnitten.

Nun kann der Umschlag auf die linke Innenseite gewendet werden. Die dritte Zeichnung zeigt das Aussehen der rechten Seite nach dem Wenden. An dem Stoffteil E werden Halsschrägstreifen oder Kragen angesetzt.

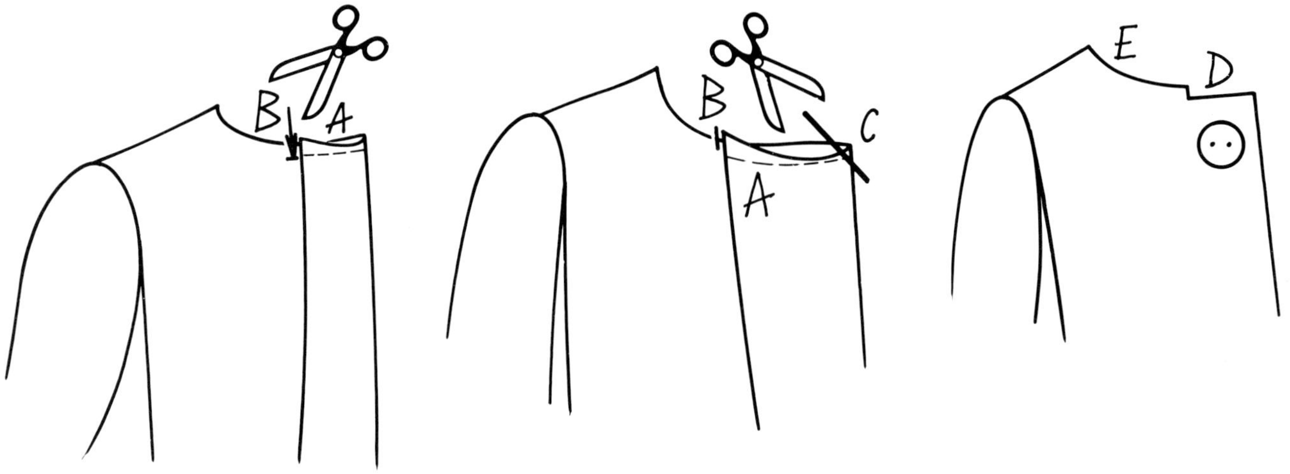

Fertigung des Bundübertrittes an Rock und Hose (s. Zeichnung rechts)

Der Bundstreifen wird der Länge nach zuerst mit den Stoffseiten rechts auf rechts aufeinandergelegt. Nähen Sie die skizzierte Naht von Punkt A bis B. In Nahttiefe wird an Punkt B ein kleiner Schnitt angebracht und die Stoffecke schräg ausgeschnitten. Fertigen Sie am anderen Ende des Bundes den Untertritt in gleicher Weise und wenden anschließend den Bundstreifen.

Legen Sie den Bund mit dem offenen Teil nach oben, rechts auf rechts, gegen den Rock- oder Hosenteil. Heften und steppen Sie die Naht. Der Bund wird hochgestellt und auf der Rock- oder Hoseninnenseite hohl von Hand dagegengenäht.

Am Bundübertritt können Haken und Öse, Knopf und Knopfloch oder Druckknöpfe als Schließmöglichkeiten angebracht werden.

Der Saum

Der Saum kann mit einer Handnaht hohl dagegengenäht oder mit der Maschine gesteppt werden. Eine weitere Möglichkeit ist der Abschluß mit einem andersfarbigen Stoffstreifen.

Der Reißverschluß

Nähen Sie den Reißverschluß mit doppeltem Faden von Hand oder steppen Sie ihn mit der Maschine ein.

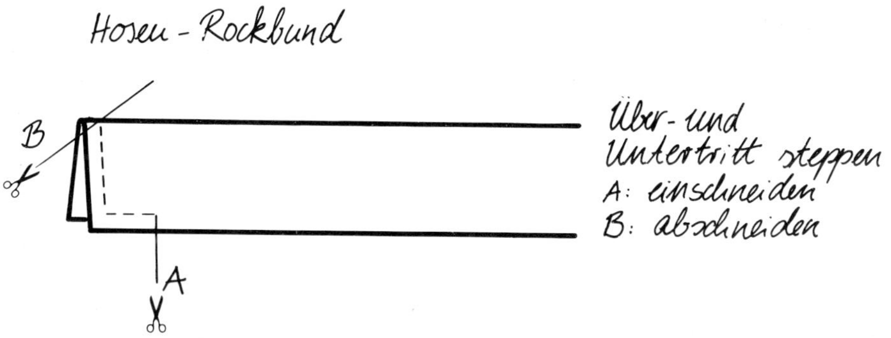

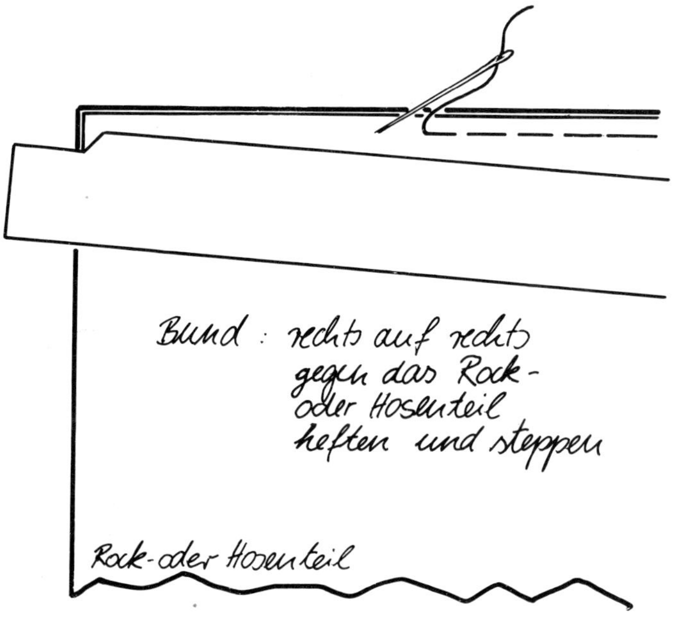

Kasper mit blauem Anzug

Mein Anzug für den ersten Auftritt ist fertig ... oder hätte ich doch lieber die Halskrause anziehen sollen?

Schnitteile für die Jacke
2 Vorderteilhälften
1 Rücken
2 Arme
1 Halsschrägstreifen 20 × 4 cm

Es ist der einfachste Schnitt und somit schon für kleine Kinder spielbar.
Schließen Sie die Schulternaht, die Ecken des Über- und Untertrittes werden genäht, gewendet und der Halsschrägstreifen rechts auf rechts dagegengesteppt, dann zur linken Innenseite eingeschlagen und von Hand dagegengenäht. Nun nähen Sie die Armkuppel ein und steppen den Armsaum. Armlängsnaht und Blusenseitennaht werden geschlossen und der Blusensaum gesteppt. Nähen Sie auf der Innenseite des Übertrittes und auf dem Untertritt je einen Streifen des Klettverschlusses an.

Schnitteile für die Hose
2 Hosenbeinteile
1 Taillenbund 55 × 4 cm
2 Beinabschlußbündchen mit Druckknopfverschluß 19 × 4 cm

Nähen Sie die vordere Naht vom Bund zum Schritt, dann den Taillenbundstreifen rechts auf rechts ansteppen und an der linken Bundinnenseite gegennähen. Ein Gummiband in der Länge des Taillenumfang des Kaspers wird eingezogen und am Anfang und Ende des Bundstreifens festgenäht. Die rückwärtige Schrittnaht wird zusammen mit dem Bund zugesteppt.
Krausen Sie die Beinenden auf 18 cm ein, und nähen Sie den Abschlußstreifen dagegen. Die Hosenbeininnennähte werden geschlossen und die Beinstege mit Druckknöpfen 1 cm tief übereinandergeknöpft.

Schnitteil für den Kragen
Der Kragen wird zweimal aus verschieden gemusterten Stoffen zugeschnitten, rechts auf rechts liegend zusammengesteppt, gewendet und die beiden Kordelstücke eingenäht. Ist Knoten und Schlaufe als Verschluß zu schwierig, können Haken und Öse oder Knopf und Schlaufe angebracht werden. Der Kragen läßt sich von beiden Seiten tragen.

Tüllkrause am Kleiderhaken
Ein 90 cm langer, 20 cm breiter Tüllstreifen wird in der Längsrichtung zur Hälfte gelegt und diese Bugstelle auf 25 cm eingekräuselt. Ein Schrägstreifen wird auf das Gekräuselte gesteppt und Anfang und Ende mit einem Druckknopf geschlossen.

Die Mütze
Die Mütze ist Kleiderergänzung ohne Verschluß. Schließen Sie erst die Mützennaht und setzen einen 4 cm breiten, anders gemusterten Randstreifen um die Mützenöffnung.

Zwerg mit Kegelspiel

Da sitz' ich nun mit meinem Kegelspiel und niemand spielt mit mir...

Hemdschnitteile
2 Vorderteilhälften
1 Rücken
2 Arme
1 Halsschrägstreifen 20 × 4 cm
1 Gürtel 40 cm lang, 2 cm breit
1 Rückenschleife um den Gürtel zu halten (s. Abb. Seite 33)

Hemdverschluß
Klettverschluß
Gürtel
1 Gürtelschnalle, 1 Niete

Arbeitsverlauf des Hemdes
Die Schulternaht wird geschlossen, die Ecken des Über- und Untertrittes genäht, gewendet, der Halsschrägstreifen rechts auf rechts gegengesteppt, zur linken Innenseite eingeschlagen und von Hand dagegengenäht. Steppen Sie die Armkuppeln ein und fassen die Ärmelbündchen mit anders gemustertem Stoff ein. Nun die Arm- und Hemdenseitennaht schließen und den Saum steppen. Auf die Innenseite des Übertrittes wird ein Klettverschlußstreifen genäht und der Gegenstreifen auf dem Untertritt angebracht.
Steppen Sie den Streifen für die Rückenschlaufe. Am Saum der Hemdinnenseite wird er angenäht. Der Knopf ist nur Schmuck, darunter befindet sich ein Druckknopf (s. Abb. Seite 33).
Für den Gürtel steppen Sie den Streifen und befestigen die Schnalle. Am anderen Ende wird die Niete nach der Gebrauchsanweisung eingeschlagen.

Schnitteil für den Kragen
Der Kragen wird doppelt aus zwei verschiedenen Stoffstreifen zugeschnitten, rechts auf rechts gesteppt, gewendet und die Wendeöffnung von Hand geschlossen. Nähen Sie an einer Kante innen und außen je zwei Knöpfe gegeneinander. An der gegenüberliegenden Kante bringen Sie die Schlaufen an (s. Zeichnung oben). Auf diese Weise kann der Kragen von beiden Seiten getragen werden und gibt dem Anzug jeweils ein anderes Aussehen (s. Abb. Seite 33).

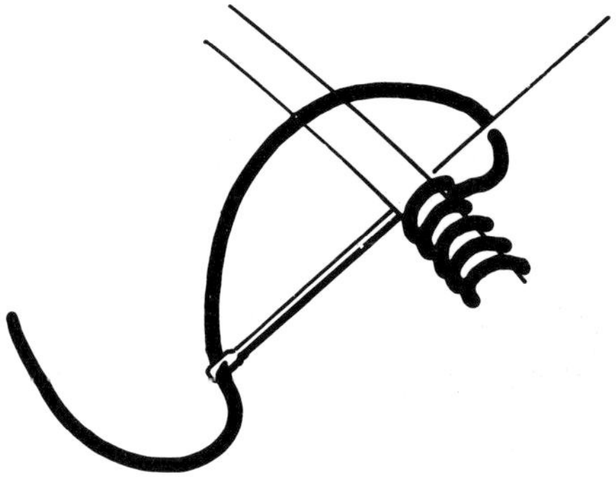

Schnitteile für die Hose
4 Beinteile
Bundstreifen 37 × 5 cm

Die rechte Seitennaht bleibt vom Bund her 4 cm geöffnet, die restliche Naht und die linke Seitennaht wird zugesteppt. Säumen Sie die Beinenden. Die vordere und hintere Naht vom Bund zum Schritt wird geschlossen. In der Mitte der Vorder- und Rückseite legen Sie je zwei etwa 2 cm tiefe Falten ein. Steppen Sie den Bund ab, und schließen Sie die inneren Beinnähte. Der Bund kann mit Knopf und Schlaufe oder Haken und Öse geschlossen werden.

Die Mütze
Steppen Sie zuerst die vordere Kante, und schließen Sie dann die rückwärtige Naht.

Kasper und Zwerg

Beim eifrigen Spiel sind die Mützen schon verloren gegangen ... Ob der Kleine wohl gegen den Großen gewinnt?

Schnitteile für die Kasperjacke
2 Vorderteilhälften
2 Rückenteilhälften
4 Armhälften
1 Halsschrägstreifen 20 × 4 cm

Beim roten Kasperanzug wechselt das Herzmuster in der Mitte von der Vorder- zur Rückseite.
Zuerst die Rückennaht nähen und die Schulternaht schließen. Die Ecken des Ober- und Untertritts werden genäht und der Halsschrägstreifen rechts auf rechts dagegengesteppt, anschließend zur linken Innenseite eingeschlagen und von Hand angenäht.
Je zwei Armhälften werden im wechselnden Muster zusammengenäht, die Armkuppel anschließend in das Jackenteil eingesteppt und die Armenden versäubert. Die untere Armnaht und Jackenseitennaht können anschließend geschlossen werden. Der Jackensaum läßt sich durch Steppen oder Handnaht versäubern.
Auf Abbildung Seite 56 sehen Sie im Detail den Jackenverschluß. Blumenförmige Knöpfe werden mit Haken, die aus roten Schuhbändern geformt und aufgenäht wurden, verschlossen.

Schnitteile für die rote Kasperhose
4 Hosenteile
2 Bundstreifen 23 × 7 cm

Schließen Sie zuerst die vordere und rückwärtige Schrittnaht. Am vorderen und hinteren Hosenteil wird jeweils ein Bundstreifen gegengesteppt und nach innen umgenäht. Die Hosenseitennähte bleiben rechts und links jeweils 8 cm lang offen, die folgende Beinlänge wird zugesteppt. Nachdem die Beinsäume genäht wurden, können Sie die innere Hosennaht schließen. Zwei quadratische Klettverschlußstücke werden am Anfang und Ende auf die Innenseite des vorderen Hosenbundes genäht. Die beiden Gegenstücke befestigen Sie auf der Außenseite des rückwärtigen Bundes. Nähen Sie einen Knopf auf die Mitte des vorderen Bundes. Mit ihm kann der herzförmige Hosenlatz angeknöpft werden.

Schnitteile für Herzlatz
4 Herzlatzhälften

Je zwei verschieden gemusterte Latzhälften werden zusammengesteppt, dann die beiden Herzformen links aufeinandergenäht und gewendet. Wenn Sie an derselben Stelle der vorderen und rückwärtigen Herzmittelnaht im spitzen Teil 1 cm Naht offen lassen, ergibt sich das Knopfloch für den Knopf des Hosenbundes.
Zwei weitere Knöpfe werden auf die beiden oberen Herzbögen genäht. An die 15 cm langen, 2 cm breiten Träger werden zur Befestigung, in der Innenseite des rückwärtigen Hosenbundes, je ein Druckknopf genäht, der Gegenknopf im Bund angebracht. An die beiden anderen Trägerenden nähen Sie kleine Schlaufen aus roten Schuhbändern, in dem Durchmesser des Hosenlatzknopfes. Die Hose kann also mit oder ohne Latz getragen werden.
Die Zwergenkleidung wurde auf Seite 30 beschrieben. Auf der nebenstehenden Abbildung sieht man deutlich die rückwärtige Schlaufe am Zwergenhemd, die den Gürtel vor dem Rutschen bewahrt.

Zwerg mit Gartenschürze

Was quakt der Frosch denn hier auf dem Blumentopf?

Schnitteile für die Schürze
2 Schürzenteile
2 Taschenteile

Steppen Sie die beiden Schürzenteile auf der linken Seite zusammen, und wenden Sie diese. Ebenso wird die kleine Tasche doppelt genäht, gewendet und auf die Schürzenmitte aufgesteppt. Auf die beiden kürzeren Träger nähen Sie noch kleine Knöpfe, und an die Enden der längeren Träger die dazu passenden Schlaufen.
Die Nadelführung zur Schlaufennaht ersehen Sie der Zeichnung auf Seite 30.

Zwerg mit Blumenkorb

Darf ich Ihnen ein paar Blumen aus meinem Garten verehren?

Auf dieser Abbildung sehen Sie die aufspringenden kleinen Hosenfalten. Diese geben dem Kleidungsstück genug Weite, wenn man den Zwerg hinsetzen möchte.
Das Hemd steckt in der Hose und diese wird von Trägern mit Clippverschlüssen gehalten. Für den Hosenträger benötigen Sie zwei Teile, 18 × 3 cm. Am anderen Ende der Träger befinden sich jeweils ein Knopfloch und auf der Innenseite des rückwärtigen Bundteiles sind die entsprechenden Knöpfe angenäht.
Deutlich sehen Sie den Einzelträger auf Abbildung Seite 25.

Baby

Auf dem Kinderstuhl bin ich fast so groß wie ihr...

Schnitteile für die weite Hose
4 Hosenbeinteile
4 Hosenlatzteile
1 Bundstreifen 40 × 4 cm

Nähen Sie zuerst die vordere und hintere Schrittnaht, zusätzlich die linke Seitennaht. Nun wird die Hosenbundweite auf 38 cm eingekräuselt und der Bundstreifen dagegengesteppt, anschließend in der Innenseite gegengenäht. Die rechte Seitennaht bleibt, vom Bund her gemessen, 7 cm tief offen. Die folgende Beinlänge wird zugenäht. An den Fußenden steppen Sie einen etwa 1 bis 1,5 cm breiten Saum, in den ein schmales Gummiband eingezogen wird. Nähen Sie das Band am Anfang und Ende mit einigen Stichen fest. Die innere Beinnaht kann nun zugesteppt werden. Der Hosenbund wird mit Knopf und Öse geschlossen.

Hosenlatz
Je zwei Latzteile werden auf der linken Seite zusammengenäht und gewendet. An den Schulterteilen werden schmale Baumwollbänder zum Binden von Schleifen angebracht. Mit Druckknöpfen werden die Latzteile auf den Bund geknöpft. Die Knöpfe sind im Abstand von 7 cm in den Stoff des Bundes und Latzes eingeschlagen worden. Denselben Abstand haben die Knöpfe auf dem Strampelsack, der auf der Abbildung Seite 41 mit Trägern zu sehen ist. Träger oder Lätzchen können von einem Kleidungsstück auf das andere gewechselt werden.

Blusenschnitteile
1 Vorderteil
2 Rückenhälften
2 Ärmel
1 Halsschrägstreifen 20 × 2 cm
2 Armbündchen 22 × 2 cm

Schließen Sie die Schultern, und nähen Sie den Halsschrägstreifen an. Die Armkuppel wird eingesteppt, und das Ärmelende mit einem andersfarbigen Stoffstreifen eingefaßt. Ziehen Sie durch diesen Streifenabschluß ein schmales Gummiband, welches am Anfang und Ende mit einigen Stichen fixiert wird. Nun kann die untere Armnaht und Blusenseitennaht geschlossen werden. Durch den Halsschrägstreifen ziehen Sie, für den Verschluß mit Knoten und Schleife, ein feines Baumwollband ein.

Baby mit Mütze

Gleich gehen wir hinaus, Mütze und Jacke hab' ich schon an ...

Jackenschnitteile
2 Vorderteilkoller
2 untere Vorderteile
1 Rückenkoller
1 unteres Rückenteil
2 Kragenformen
2 Arme
2 andersfarbige Bündchen
15 × 3 cm

Schließen Sie zuerst die Schulternaht und steppen dann die beiden Kragenteile auf der linken Seite zusammen. Die Halsrundung bleibt offen, und der Kragen wird gewendet. Nähen Sie nun die Ekken des Über- und Untertrittes. Den Unterkragen fixieren Sie mit Stecknadeln rechts auf rechts gegen das Jackenteil, steppen Sie die Naht und nähen die Rundung des Kragenoberteils von Hand gegen die zuvor gesteppte Naht.
Die unteren Jackenteile werden auf Kollerweite etwas eingekraust und angenäht. In gleicher Weise krausen und nähen Sie die beiden Rückenteile zusammen. Die Armschulternaht wird genäht und die Armenden auf 15 cm eingekraust. Mit einem andersfarbigen Bündchenstreifen versäubern Sie das Armende. Die untere Arm- und Jackenseitennaht kann anschließend gesteppt werden, ebenso der Jackensaum. Drei Knöpfe werden auf den Koller genäht, die Knopflöcher auf der Gegenseite eingearbeitet.

Schnitteil Babymütze
2 Seitenteile
1 mittleres Kopfteil
1 Halsbündchen 24 × 3 cm

Der Mittelstreifen wird an das rechte und linke Seitenteil gesteppt und die vordere, Gesicht umschließende Öffnung mit Spitzen versäubert. Mit dem Annähen des Bündchens wird die untere Naht gefaßt. Ziehen Sie mit Hilfe einer kleinen Sicherheitsnadel ein feines Baumwollband durch den Halsbund. Zu einer Schleife geknotet, hält es die Mütze am Puppenkopf.

Sandmann und Baby

Sandmann kommt geschlichen und schaut ins Zimmer hinein ...

Mit der auf Seite 36 beschriebenen Bluse und dem Strampelsack (ohne Schnittzeichnung) ist das Baby für das Bett gekleidet.
Der Schlafsack aus feinem Frottée ist aus einem 32 cm hohen und 56 cm langen Streifen genäht worden. Legen Sie Anfang und Ende des Streifens mit den rechten Seiten aufeinander und steppen 20 cm der 32 cm Stoffhöhe zu. 12 cm bleiben als „Einsteigeschlitz" offen. Legen Sie den Stoffschlauch so, daß die Naht in der vorderen Mitte zu liegen kommt und nähen die untere Sacköffnung zu (s. Abb. gegenüber). Die obere Öffnung wird mit einem 5 cm breiten, andersfarbigen Bund eingefaßt. Nun den Strampelsack wenden. Schlagen Sie im Abstand von 7 cm auf der Vorder- und Rückseite die unteren Druckknopfteile in den Bund ein.
Zwei Trägerstreifen, 23 cm lang und 2 cm breit, erhalten an jedem Ende den oberen Druckknopf eingeschlagen: Die Träger können Sie auch auf die Hose knöpfen sowie die Lätzchenteile auf den Strampelsack. Fädeln Sie noch ein schmales Band durch den Bund, um den Strampelsack über dem vorderen Schlitz mit einer Schleife zu schließen.

Sandmann mit Schlafanzug

Guten Morgen, ich geh' jetzt schlafen ... Mit Schlafmütze und Schlafanzug zieht er sich zur Ruh' zurück, bis es wieder Abend wird.

Schnitteil für die Bluse
2 Vorderteilhälften
1 Rückenteil
2 Arme
1 Schrägstreifenhalsabschluß
16 × 5 cm

Schließen Sie die Schulternaht, nähen Sie die Ecken des Ober- und Untertrittes, wenden diese und steppen den Halsschrägstreifen rechts auf rechts dagegen. Zur Innenseite umgelegt, nähen Sie ihn von Hand an.

Krausen Sie den Schulterbogen des Ärmels auf 8 cm ein und heften ihn in den Armausschnitt von Vorder- und Rückenteil. Diese Naht wird gesteppt, anschließend das Ärmelende versäubert. Ärmel- und Seitennaht können nun geschlossen werden. Der Blusensaum wird genäht und die Bluse mit vier Perlmutdruckknopfpaaren geschlossen.

Schlafanzughose
2 Hosenbeine
1 Hosenbund 40 × 4 cm

Nähen Sie zuerst die rückseitige Naht, vom Bund zum Schritt. Der Bund wird so angebracht, daß an der vorderen Mitte Anfang und Ende zusammentreffen. Stecken Sie den Bundstreifen an der vorderen, noch ungenähten Schrittnahtstelle fest über das hintere Hosenteil bis wieder zur Bundmitte. Steppen Sie diese Naht, und nähen Sie den Bund in der Hoseninnenseite dagegen. Ein schmales Baumwollband wird mit der Sicherheitsnadel in den Bund eingezogen. Nun können die vordere Schnittnaht geschlossen und die Beinenden gesäumt werden. Zum Schluß nähen Sie die beiden Beininnennähte. Das Baumwollband wird etwas zusammengezogen und zur Schleife gebunden.

Die Schlafmütze
Steppen Sie zuerst die Mützenöffnung, und schließen Sie dann die rückwärtige Naht.
Aus Baumwollstopfgarn wurde die kleine Bommel gewickelt und von Hand an die Mützenspitze genäht.

Sandmann im Hausanzug

Wenn die Sterne am Himmel steh'n, muß ich nach den Kindern seh'n... Der Sandmann macht sich für seinen nächtlichen Rundgang bereit. Im kleinen Rucksack steckt eine Spieluhr mit einer Schlafmelodie. Über seinen Hausanzug muß er nur noch den Kapuzenmantel ziehen, dann kann der Rundgang beginnen. Die Schnitteile für die Bluse finden Sie auf Seite 42.

Schnitteile für die Hose aus weichem Baumwollplüsch
2 Hosenbeine des Schlafanzugschnittes
1 Latz-Bundteil aus Plüschstoff
1 Latz-Bundteil aus dem Blusenstoff
2 Plüsch- und 2 Baumwollträger 17 × 2,5 cm

Nähen Sie zuerst die vorder- und rückwärtige Schrittnaht. Die Latz-Bundteile werden rechts auf rechts gesteckt. Das Stoffteil, das an die Hose genäht werden soll, bleibt offen! Die übrige Naht wird gesteppt und das Teil gewendet. Legen Sie Plüsch auf Plüsch, das Latzteil gegen die Hose, stecken oder heften es und nähen diese Naht. Einige Plüschstoffe sind sehr dehnbar. Sollte die Hosenweite zu groß sein, legen Sie kleine Falten oder halten die Weite durch Kräuseln ein.
Das Baumwollfutter wird auf der linken Hoseninnenseite gegengenäht. Den Bund schließen Sie mit Haken und Öse.
Für die Träger werden je ein Baumwollstreifen gegen einen Plüschstreifen genäht, gewendet und an einem Ende eine Schlaufe angenäht. Das andere Ende wird an der Innenseite des rückwärtigen Hosenbundes angenäht. Zwei Knöpfchen befestigen Sie am Hosenlatz für die Träger.
Die Beinenden werden mit einer Handnaht gesäumt und die Beininnennähte zugesteppt.

Mantelschnitteile
1 Kapuzenteil aus Plüsch
1 Kapuzenteil aus Baumwolle
2 Vorderteile
1 Rückenteil
2 Ärmel

Schließen Sie zuerst die Mantelschulter und die Kapuzen-Hinterkopfnaht, ebenso die Kapuzennaht des Futters. An der Mützenöffnung steppen Sie Plüsch und Futter rechts auf rechts liegend zusammen, wenden die Kapuze und nähen die Plüschseite rechts gegen rechts liegend an den Mantelhalsausschnitt. Das Futter wird in der Mantelinnenseite dagegengenäht. Setzen Sie die Ärmel ein und versäubern die Armenden mit einem Streifen Futterstoff. Ärmel und Mantelseitennaht können nun zugenäht werden. Auf der Mantelmittelkante sind drei Knöpfe und Knopflöcher angebracht. Der Saum wurde von Hand genäht. Ein unzerbrechlicher Weihnachtsschmuckstern hängt an der Kapuzenspitze.

Beschreibung Rucksack Seite 46

Sandmanns Rucksack

Wenn der Rucksack zu aufwendig ist, kann man auch eine einfache Sackform aus einem rechteckigen Stoffstück nähen.
In dem gezeigten Rucksack hat eine Spieldose Platz. Sie benötigen einen 10 cm breiten und 24 cm langen Stoffstreifen. Legen Sie auf der linken Seite 9 cm gegen 9 cm und nähen die beiden Seitennähte. An dem überstehenden, 6 cm langen Stoffstück runden Sie etwas die Ecken, und schneiden in gleicher Form ein Futterstück zu. Dieses nähen Sie rechts auf rechts dagegen und wenden es zur Innenseite. Um die Rucksacköffnung werden sechs Nieten eingeschlagen, zwei weitere am vorderen Deckelteil. Eine Kordel fädeln Sie durch die sechs Löcher, Anfang und Ende dann durch den Deckel. So können sie zur Schleife gebunden werden (s. Abb.). Zwei Träger, 22 × 2 cm, werden an der Rückseite, unterhalb des Deckels, angenäht. Am anderen Trägerende befinden sich zwei kräftige Metalldruckknöpfe, mit Gegenknöpfen an den unteren Rucksackecken. Den Rucksack kann der Sandmann auch auf dem Rücken tragen.

Karin am Strand

So luftig gekleidet genießt Karin den Sommerwind, und Omas Badekleid kommt somit wieder zu Ehren.

Badehose
4 Beinteile
1 Taillenbund 31 × 4 cm
2 schmale Streifen als Beinabschluß

Nähen Sie zuerst die beiden Beinseitennähte und schließen dann die vordere Schrittnaht. Anschließend kräuseln Sie die Taille auf 31 cm ein. Der Bund wird dagegengenäht und die Beinenden mit einem schmalen, andersfarbigen Stoffstreifen versäubert. Nähen Sie nun die rückwärtige Schrittnaht und die Beininnennähte.
Auf der Vorder- und Rückseite des Hosenbundes werden je zwei Druckknopfunterteile im Abstand von 7 cm eingeschlagen. Auf diese Knöpfe können, wie auf der Abbildung zu sehen ist, die Latzteile aufgeknöpft werden oder zur Abwechslung auch die Träger, die auf der Abbildung Seite 51 an dem Rock zu sehen sind.

Badehosen-Latz
4 Latzoberteile

Die Teile sind nicht ganz rechteckig, die Bundkante ist 1 cm schmaler als an der Oberkante. Nähen Sie jeweils zwei Teile links aufeinander, und wenden Sie diese. Am gezeigten Muster sind die Längskanten mit einem Unistreifen abgesetzt.
Zwei kleine Träger, 4 cm lang und 2 cm breit, werden gesteppt und an den oberen Ecken des Rückenlatzes angenäht. An den vorderen Trägerenden wird je ein blauer Druckknopf eingeschlagen. Das untere Druckknopfteil wird an den oberen Ecken des Vorderlatzes eingearbeitet. Am unteren Ende der beiden Latzteile werden im Abstand von 7 cm die blauen, oberen Druckknöpfe eingeschlagen. So läßt sich das Oberteil am vorderen und hinteren Bund und an den Schultern abknöpfen.

Daniel und Karin am Strand

Wind, Sand und Sonne, endlich haben wir Ferien...

Daniels Wolkenhemd
2 vordere Passenhälften
2 vordere Jackenhälften
1 Rückenpasse
1 Jackenrücken
2 Kragenteile aus einem Schrägstreifen geschnitten.
2 Arme
eine kleine Brusttasche, 4 × 4 cm, doppelt zugeschnitten

Schließen Sie die Schulternaht, nähen und wenden Sie die Brusttasche und steppen diese auf eine vordere Jackenhälfte. Nähen Sie die beiden Passen an die unteren Jackenteile und arbeiten die Halsecken des Jackenober- und Untertrittes. Die beiden Kragenteile werden aufeinandergesteppt, wobei die Halsnaht offen bleibt. Nähen Sie das untere Kragenteil gegen die Jackenhalsöffnung rechts auf rechts liegend, die obere Kragenöffnung wird von Hand dagegengenäht. Die Arme können eingesetzt und die Armenden versäubert werden. Schließen Sie nun die Arm- und Jackenseitennaht und steppen den Jackensaum. In gleichmäßigem Abstand werden vier blaue Druckknöpfe als Jackenverschluß in den Ober- und Untertritt eingeschlagen.

Die Hose
4 Beinteile
1 Hosenbund 34 × 4 cm
schmale Streifen zum Verzieren des Hosenbeinabschlusses und der Seitenschlitze

Die rechte Seitennaht bleibt vom Bund aus gemessen 4 cm tief geöffnet. Die äußeren Beinnähte bleiben für die unteren Schlitze 9 cm lang offen. Nähen Sie die äußeren Seitennähte und fassen die Beinschlitze mit einem schmalen, andersfarbigen Streifen ein. Mit demselben Streifen wird der Beinabschluß versäubert.
Schließen Sie die beiden Schrittnähte und legen in der Taille auf der Vorder- und Rückseite je zwei kleine, 2 cm tiefe Falten ein. Der Hosenbund wird angenäht und die Beininnennähte geschlossen. Auf Anfang und Ende des Bundes wird ein Druckknopfober- und Unterteil eingeschlagen, desgleichen je zwei Nietlöcher rechts und links vom Hosenbeinschlitz. Eine Kordel zur Schleife gebunden hält die Schlitze zusammen. Diese Details sehen Sie deutlich auf der Abbildung Seite 56.

Wenn es „kühler" wird, kann Karins Badeanzug (s. Abb. Seite 47) mit Bluse und Kragen ergänzt werden.

Bluse
2 Vorderteile
2 Rückenteile
1 Halsschrägstreifen 16 × 5 cm
2 Ärmel

Schließen Sie die Schulternaht und fassen den Halsausschnitt mit andersfarbigem Schrägstreifen ein. Kräuseln Sie die Armkuppeln etwas ein und heften Sie diese in die Armausschnitte der Bluse. Diese Naht wird gesteppt und die Ärmelenden mit einem andersfarbigem Streifen eingefaßt. Die Ärmelnaht und Oberteilseitennaht kann nun geschlossen und der Blusensaum gesteppt werden. Die Bluse wird mit vier Nylondruckknöpfen zugeknöpft.

Der Kragen
Die Kragenform wird einmal aus weißem, einmal aus gemustertem Stoff zugeschnitten, auf der linken Seite zusammengenäht, gewendet und zwei schmale Bänder in der Halsmitte eingenäht. Der Kragen kann nun von beiden Seiten getragen werden.

Spaziergang zu zweit

Über die Sommerhose hat Karin einen Rock gezogen, und Daniel hüllt sich in einen leichten Mantel. Daniels Mantel paßt auch Karin. Der Kragen von Seite 49 kann auch auf dem Mantel getragen werden.

Karins Rock
1 Rockstreifen 78 × 20 cm
1 Rockbund 30 × 4 cm

Reihen Sie den Rockstreifen auf 29 cm und heften und steppen den Bund dagegen. Ein 12 cm langer Reißverschluß wird eingenäht und die restliche Rocknaht geschlossen. Steppen Sie den Saum und nähen als Bundverschluß Haken und Öse an die beiden Enden. Genau wie auf dem Hosenbund werden je zwei Druckknopfunterteile im Abstand von 7 cm auf der Vorder- und Rückseite des Rockbundes eingeschlagen. Träger oder Latzteile können nun aufgeknöpft werden. Die beiden Rock- bzw. Hosenträger sind 25 cm lang und 1,5 cm breit. An beiden Enden werden die Druckknopfoberteile eingeschlagen.

Mantel
2 halbe Vorderteile
1 Rückenteil
1 Halsschrägstreifen 17 × 2 cm
2 Arme
4 Taschenformen
4 Taschenklappen

Steppen und wenden Sie zuerst die beiden Taschen und Klappenformen. Die Taschen steppen Sie auf die Mantelvorderteile und nähen die kleinen Klappenteile von Hand dagegen.
Schließen Sie nun die Schulternaht. Legen Sie die kleine Falte an der Rückenmitte und fassen den Halsausschnitt mit dem Schrägstreifen ein. Die Armkuppeln werden eingesetzt und die Armenden gesäumt. Die Armlängsnaht und Mantelseitennaht schließen Sie nun.
Leider bekam ich keinen kurzen Reißverschluß, der sich unten öffnen läßt, so muß die Puppe auch in den Mantel „hineinsteigen". Nähen Sie einen 20 cm langen Reißverschluß ein und steppen den Mantelsaum. Auf die Taschen und Taschenklappen werden die Druckknopfteile eingeschlagen.

Geschwisterlook

Brüderlein komm tanz' mit mir, beide Hände reich' ich dir...

Karin und Daniel im „Geschwisterlook". Die Sommerkleider lassen sich durch Auf- oder Abknöpfen der Boleroteile verändern.

Karins Blumenkleid
1 Kleidervorderteil
2 halbe Kleiderrückenteile
1 Halsschrägstreifen 15 × 3 cm
2 Ärmel mit Bündchen 12 × 2 cm
2 Rockstreifen 76 × 9 cm und 76 × 6 cm
1 Rüschenstreifen 150 × 4 cm
4 Bolerohälften

Schließen Sie die Schulternaht und kräuseln die Ärmelkuppel etwas ein. Heften Sie die Ärmel in das Oberteil und steppen die Naht. Versäubern Sie mit dem Schrägstreifen die Halsöffnung und kräuseln die Ärmelenden auf 6 cm ein. Mit einem andersfarbigen Bündchen wird das Ende versäubert. Schließen Sie 9 cm der Armnaht und nähen Knopf und Schlaufe auf die Ärmelbündchen. Die Oberteilseitennaht wird zugenäht.
Der Rock besteht aus einem oberen Teil, 76 × 9 cm, einem unteren Teil, 76 × 6 cm, und einem Rüschenstreifen, 150 × 4 cm. Kräuseln Sie den oberen Rockstreifen auf 36 cm ein. Steppen Sie die Saumnaht des Rüschenstreifens und kräuseln diesen auf 76 cm ein. Heften Sie den Rüschenstreifen auf den unteren Rockstreifen. Am oberen Rockstreifen wird 1 cm Saum an der ungekräuselten Seite eingeschlagen und auf den unteren Rüschenrockteil aufgeheftet und genäht, anschließend wird das Oberteil und der Rock zusammengenäht. Ein 12 cm langer Reißverschluß wird in den Kleiderrücken eingearbeitet und die restliche Naht, etwa 10 cm, geschlossen. Der untere Rocksaum kann gesteppt oder von Hand gesäumt werden. Je zwei der vier Bolerohälften werden links aufeinandergenäht und dann gewendet. An den Schultern und Seiten arbeiten Sie je ein Knopfloch ein und nähen an der entsprechenden Stelle einen Knopf auf das Kleideroberteil.
Daniels Blumenanzug wird auf Seite 54 beschrieben.

Daniel mit Hund

Wer kann denn schon diesem kleinen Dackel widerstehen ...?

Daniels Blumenanzug
1 vorderes Oberteil
2 rückwärtige Oberteilhälften
1 Halsschrägstreifen 15 × 3 cm
2 Ärmel
4 Hosenbeinteile
1 Tasche mit Knopfriegel (doppelt zugeschnitten)
1 Tasche mit deckender Klappe (doppelt zugeschnitten)
2 Hosenbeinriegel 8 × 1,5 cm

Nähen Sie die Schulter und fassen den Halsausschnitt mit dem Schrägstreifen ein. Anschließend wird der Arm eingesetzt und das Armende mit einem andersfarbigen schmalen Streifen eingefaßt. Die Arm- und Oberteilseitennaht kann gesteppt werden.
Nähen und wenden Sie die Taschen-, Klappen- und Riegelteile. Die größere Taschenform wird auf das Hosenbein gesteppt, der Riegel, mit einem Knopfloch versehen, innerhalb der Tasche am Hosenstoff befestigt und ein Knopf auf die Tasche genäht. Die zweite Tasche ist auf dem anderen Hosenteil unterhalb des andersfarbigen Oberteils angebracht (s. Abb. Seite 53). Steppen Sie das Taschenteil auf und nähen die Klappe mit einer Handnaht darüber.
Die vordere Hosenschrittnaht und die beiden Seitennähte werden gesteppt. An der hinteren Naht bleiben vom Bund nach unten gemessen 4 cm offen, die restliche Naht wird geschlossen. Anschließend nähen Sie das Oberteil und die Hose zusammen und

versäubern den Beinabschluß. Ein 12 cm langer Reißverschluß wird in die rückwärtige Öffnung eingenäht und die Beininnennaht gesteppt.
Nähen Sie die zwei Beinriegel. An einem Ende wird je ein Druckknopf, am anderen Ende ein Haken angenäht. Die Riegel raffen die Hosenbeinweite zusammen (s. Abb. Seite 53). Nähen Sie am unteren Ende des Beines auf der Beininnennaht einen kleinen Riegel, in den das Häkchen eingehängt wird. Gegenüber, auf der äußeren Beinseite, bringen Sie den Druckknopf an und drücken den Riegelknopf ein.
Das abknöpfbare, rote Vorderteil wird doppelt genäht, gewendet und an Schulter und Taillenseite je ein Knopfloch angebracht. An den entsprechenden Stellen nähen Sie den Knopf auf das Anzugoberteil.

Kleiderverschlüsse für Kinderhände

Druckknöpfe, Haken, Ösen und Reißverschluß sind am Rockbund und Trägern zu schließen. Mit der Zeit lernt das Kind, daß Druckknöpfe mit dem Gegendruck der Finger leichter zu schließen sind. Der Reißverschluß gleitet leichter, wenn er unten gehalten wird. Dieses beim Spiel erlernte Geschick wird hilfreich beim eigenen Ankleiden sein.

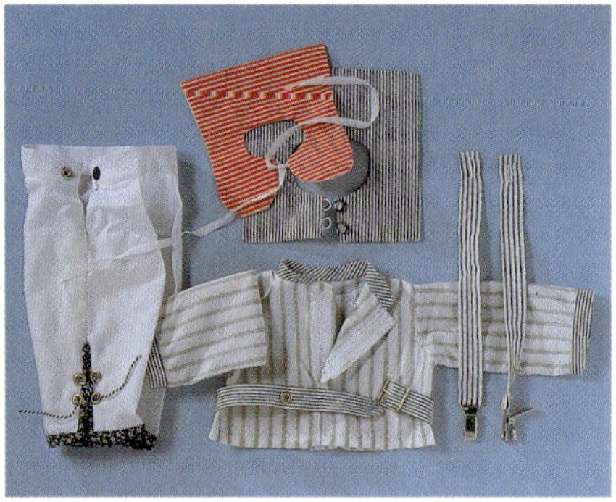

Der Rucksack (s. Zeichnung S. 59)
An der einfachen Rucksackform ist ein Sitzteil für die Puppen angebracht. Damit der Puppenkörper nicht vorne überkippt, wird er mit Trägern gehalten.
Der Stoff des Sitzteiles liegt doppelt. Auf dem Bild sehen Sie zwischen den Puppenträgern ein kleines Stück Papier herausschauen. An dieser Kante ist ein Reißverschluß eingenäht, und beide Stofflagen sind zu einer kleinen Taschenform abgesteppt worden. Um die Rucksacköffnung wurden Lochnieten eingearbeitet. Die durchgefädelte Bindeschnur besteht aus je einem blauen und roten Schuhband, welche zusammengeknotet sind. Mit den zweifarbigen Bandenden kann man Kindern das Schleifenbinden erleichtern, z.B.: „Leg das rote Band zu einer Schlaufe und führ' das blaue vorne herum" usw.
Die meisten Kinder tragen heute ihr Turn- oder Wandergepäck vernünftigerweise auf dem Rükken. Die Trägerschließen befinden sich leider an einer etwas schwer erreichbaren Stelle, in halber Rückenhöhe, so auch an diesem Rucksack. Das Hineinschlüpfen mit einem Arm geht noch einfach, das Einhaken der Schließe in den Knopf übt sich mit der Zeit.

Nähen Sie den Rucksack aus stabilem Baumwollstoff, das kann z.B. selbstgefärbter Nesselstoff oder Jeansstoff sein.
Die Sackform besteht aus zwei Rechtecken, je 42 cm hoch und 37 cm breit. Alle übrigen Teile sind aus doppelt liegendem Stoff gefertigt.
Der Puppensitz ist 16 cm hoch und 47 cm breit. In der oberen Kantenmitte ist ein 14 cm breiter Reißverschluß eingearbeitet und über den doppelt liegenden Stoff eine Taschenform abgesteppt worden. In der unteren Streifenmitte ist eine 11 cm lange, 6 cm breite Beinschlaufe mit eingenäht. In der unteren Rucksacknaht sind an der rechten und linken Ecke zwei Laschen mit eingenäht, auf denen die Trägerknöpfe eingeschlagen werden. Zwei kurze Träger, 16 cm lang und 5 cm breit, werden über dem Puppensitz auf der äußeren Sackseite angenäht, sie geben der Puppe zusätzlichen Halt. Geknöpft werden sie mit einschlagbaren Druckknöpfen. Der Gegenknopf befindet sich auf dem gesteppten Taschenteil. Die Schulterträger sind 45 cm lang und 4,5 cm breit. Die Arbeitsschritte verlaufen folgendermaßen:

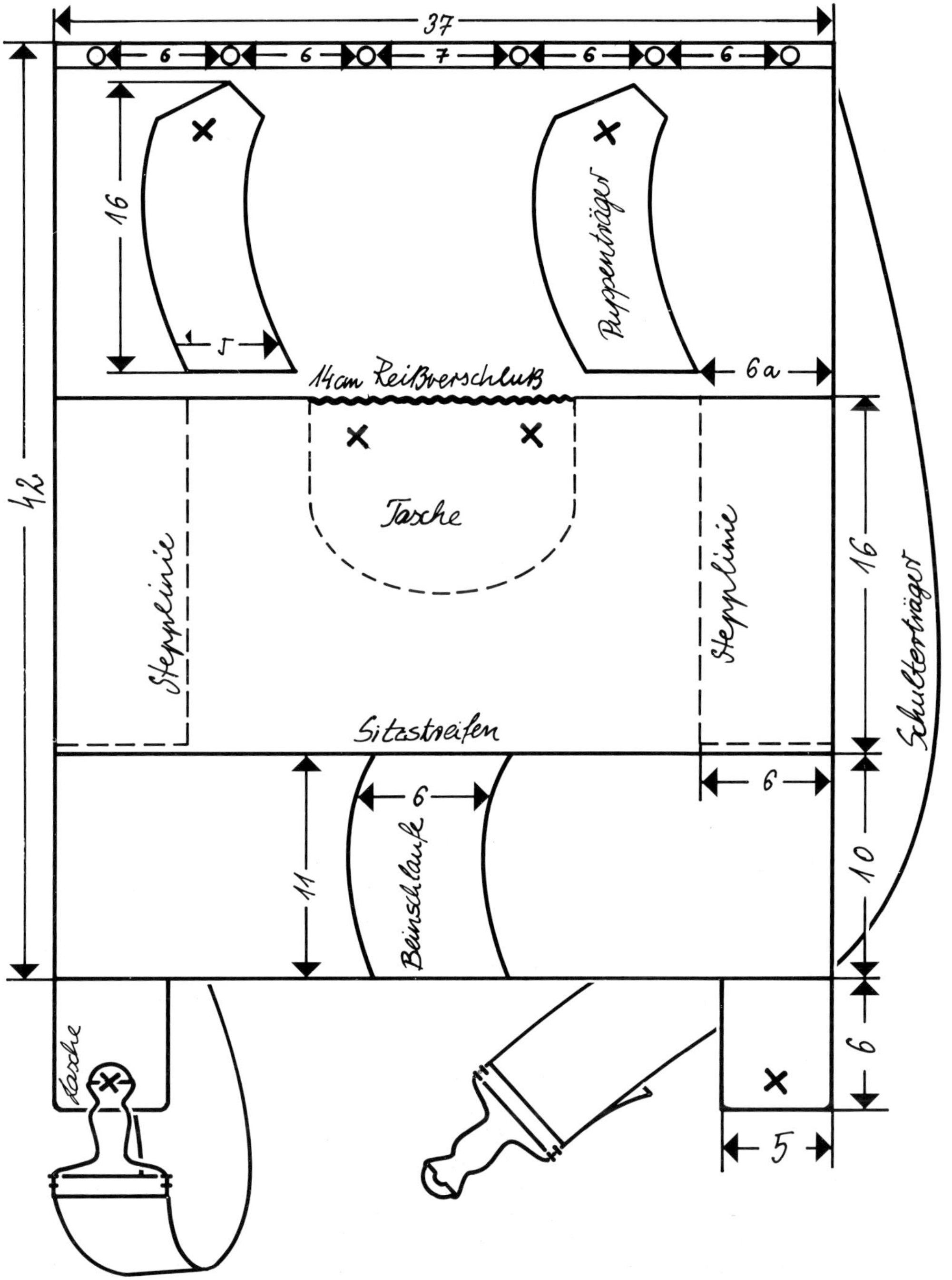
37
6
6
7
6
6
16
5
Puppenträger
6a
14cm Reißverschluß
Tasche
Stepplinie
Stepplinie
42
16
Sitzstreifen
6
6
Beinschlaufe
11
10
Schulterträger
Tasche
6
5

Zuschneiden der Stoffteile
Die Beinschlaufe, 11 × 6 cm, wird genäht. Schieben Sie ein Ende an der unteren Kante zwischen die beiden Sitzstreifen, fixieren Sie diese Stelle mit Stecknadeln, wenden die Streifen rechts auf rechts und steppen die untere Kantennaht. Anschließend nähen Sie in die obere Streifenöffnung den Reißverschluß ein und steppen rechts und links davon die Restnaht. Wenden Sie den Stoff durch eine der Seitenöffnungen auf die rechte Seite und steppen die Taschenform auf den doppelt liegenden Stoff.
Dieser Sitzstreifen ist breiter als der Rucksack, da ja der Puppenkörper darin Platz haben muß. Wie es die Zeichnung zeigt, legen Sie den Sitzstreifen auf *ein* Rucksackrechteck und nähen rechts und links, 6 cm vom Rand entfernt, die Stepplinie. Über dem Sitzteil werden die beiden Puppenträger angenäht. Fixieren Sie die mittlere Beinschlaufe auf der unteren Sackmitte, ebenso die beiden Laschen der Trägerknöpfe an der rechten und linken Ecke. Das zweite Teil wird nun rechts auf rechts dagegengelegt, fixiert und mit doppelter Naht gesteppt. Schlagen Sie die Sacköffnung zum Säumen nach innen ein und nähen diesen Einschlag. Zeichnen Sie die Nietabstände von je 6 cm an, in der Mitte beträgt der Abstand einmal 7 cm. Mit einem Hammer schlagen Sie die Nieten ein. Ein rotes und ein blaues Schuhband werden zusammengeknotet und durch die Löcher eingefädelt. In der Rucksackmitte kommt je ein Farbende zum Vorschein. Mit den zwei Farben läßt sich das Knoten und Schlaufenbinden leichter erlernen.
Am oberen Rand des Rucksackrückteils werden die beiden Schulterträger angesteppt und die Metallverschlüsse an den Trägerenden montiert.

Steppform der Tasche
in Originalgröße

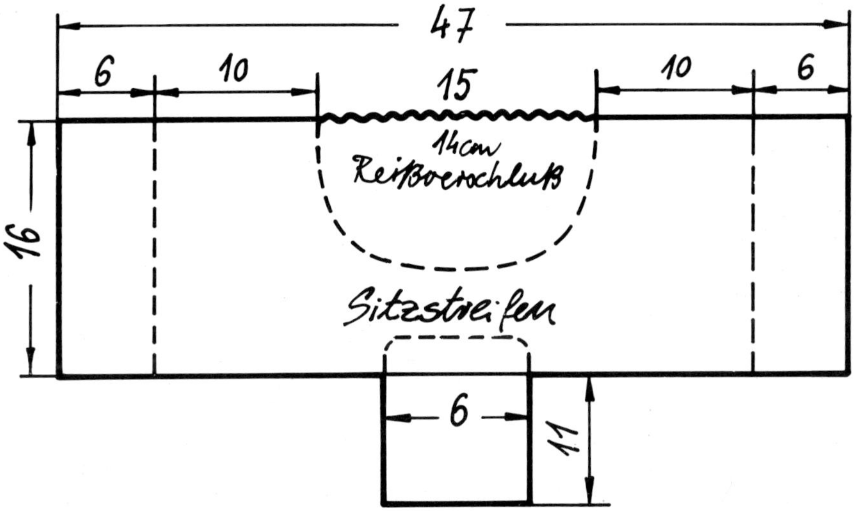
47
6
10
15
10
6
14 cm
Reißverschluß
16
Sitzstreifen
6
11

Wir gehen auf Wanderschaft

Nun kann der Ausflug mit der Lieblingspuppe beginnen, die Kinderhände sind frei und die Puppe bleibt nicht aus Versehen irgendwo liegen. Eine Fahrkarte ist in der kleinen Reißverschlußtasche griffbereit aufgehoben, und im Rucksack haben Proviant und Spielsachen genügend Platz. Viel Spaß auf der Wanderschaft!

Elisabeth Hammer hat als Werklehrerin am Kindergarten-Seminar in München gearbeitet. Sie ist mit verschiedenen, kunsthandwerklichen Techniken vertraut, die sie in mehreren Publikationen vorgestellt hat.
Elisabeth Hammer lebt als Pfarrfrau in einer Gemeinde in Basel.

Die Deutsche Bibliothek - CIP-Einheitsaufnahme

Puppen für Kinder: Stoffpuppen & Kleider selbstgemacht; mit Vorlagen in Originalgröße / Elisabeth Hammer. –
Freiburg im Breisgau: Christophorus-Verlag, 1992
(Hobby & Werken)
ISBN 3-419-53517-1

Redaktion:
Dr. Susanne Eules
Styling und Fotos:
Ulrike Schneiders, Lindau
Reinzeichnungen:
Anne Marie Friedel
Umschlaggestaltung:
Michael Wiesinger
Reproduktionen:
Scan-Studio Hofmann, Freiburg i.Br.
Herstellung: Konkordia Druck GmbH, Bühl (Baden) 1992